Textos de Vichi De Marchi: Eva Crane, Caitlin O'Connell, Maria Klenova, Mária Telkes, Gitanjali Rao

Textos de Roberta Fulci: Rachel Carson, Babara Mazzolai, Eunice Newton Foote, Anne Innis Dagg, Susan Solomon

Título original: *Ragazze per l'ambiente. Storie di scienziate e di ecologia*
© 2021 Editoriale Scienza S.r.l., Firenze - Trieste
www.editorialescienza.it
www.giunti.it

Ilustraciones: Giulia Sagramola
Diseño gráfico: Alessandra Zorzetti

Traducción: Carmen Ternero Lorenzo
Dirección editorial: Juan José Ortega
© 2023 Ediciones del Laberinto, S.L., para la edición mundial en castellano

ISBN: 978-84-1330-151-8
Depósito legal: M-720-2023
THEMA: YNB / BISAC: JNF007120
EDICIONES DEL LABERINTO, S. L.
www.edicioneslaberinto.es
Impreso en España

Cualquier forma de explotación de esta obra, en especial su reproducción, distribución, comunicación pública o transformación, solo puede ser realizada con la autorización de sus titulares, salvo excepción prevista por la ley. Diríjase a CEDRO (Centro Español de Derechos Reprográficos) si necesita fotocopiar, escanear, distribuir o poner a disposición algún fragmento de esta obra (www.cedro.org; 917021970).

Vichi De Marchi • Roberta Fulci

ELLAS
Y EL MEDIOAMBIENTE

HISTORIAS DE CIENTÍFICAS
Y ECOLOGÍA

Ilustraciones de
Giulia Sagramola

Si tienes este libro en las manos es porque valoras el medioambiente. Pero medioambiente significa un millón de cosas. Párate un momento a pensar. ¿Qué te atrae de él? Puede que hayas hecho un viaje a un lugar lejano donde viste plantas exóticas y animales espléndidos, que te gusten los animales porque tu perro o tu gato te han enseñado a quererlos o que te encante pasear por el bosque que hay cerca de tu casa. O quizá prestes atención al reciclaje y seas el que les diga a tus padres que tienen que apagar las luces cuando no hacen falta. O tal vez te hayas unido a Fridays For Future y estés luchando contra el calentamiento global.

La humanidad está en peligro. Pero ¿cómo hemos llegado a esto? ¿Qué es lo que recalienta el mundo? Quizá no sepas que la persona que lo descubrió fue una mujer. Hay muchas científicas que han estudiado y estudian el medioambiente, pero el medioambiente no es solo el cambio climático. El medioambiente es una compleja red de seres vivos, agua y suelo, y también energía, productos químicos y contaminación.

Desde los elefantes hasta los pesticidas, pasando por la energía solar y el agujero de la capa de ozono: en compañía de este libro descubrirás las historias de diez científicas que han desvelado y aún siguen desvelándonos cada día los mecanismos de la naturaleza. Te darás cuenta de que formas parte de esta gran red, en la que cada aspecto influye en todos los demás. Ver el medioambiente como un sistema de nodos que se comunican entre sí es el primer paso para protegerlo. ¡Y tú también puedes hacerlo!

RACHEL CARSON

Los acuerdos de la naturaleza para salvar la primavera

Baltimore, Maryland, 1935

—Habéis estado escuchando *Romance bajo las aguas* —dijo una voz agradable al tiempo que sonaba la música que cerraba el episodio—. Escrito por Rachel Carson.

Apagué la radio con un suspiro de satisfacción. La misma satisfacción que sentí con diez años cuando publicaron mi primer cuento en la revista *Saint Nicholas Magazine*. Solo era una revista mensual para niños, pero me alegré muchísimo. ¡Cuánto me gustaba leer de pequeña, y también escribir! Mis cuentos estaban llenos de animales, seguramente porque la casa de Pensilvania en la que crecí estaba en el campo. Me iba a correr por los márgenes del río Allegheny y soñaba con el océano. Mi madre solía acompañarme y me iba diciendo los nombres de los animales y las plantas. Las dos recogíamos hojas para llevárnoslas, observábamos de cerca los insectos y nos escondíamos en silencio entre los arbustos para escuchar el canto de algún gorrión. Desde luego, en aquel momento no me podía imaginar que llegaría a ser autora radiofónica.

Dejé a un lado los recuerdos y volví a concentrarme en el trabajo. Hacía poco que trabajaba en el Servicio de Pesquerías y quería causar buena impresión. Unas horas más tarde, la puerta de mi despacho se abrió y apareció Mary Scott Skinker.

—¡Buen trabajo, Rachel!

La miré sin saber a qué se refería.

—¡Buenas noches, profesora! ¿Ha oído la transmisión?

—Por supuesto. ¿Cómo iba a perderme el primer episodio de un programa que has escrito tú? Al fin y al cabo, fui yo la que te propuso para este trabajo.

—Sí, te lo agradeceré toda la vida. Después de la muerte de mi padre, necesitaba realmente este trabajo...

Mary Scott Skinker me había dado clase cuando estudiaba Zoología en la Universidad Johns Hopkins. Le tenía mucho cariño, entre otras cosas porque había acudido en mi ayuda cuando tuve que dejar el doctorado para poder llegar a fin de mes. Necesitaba encontrar un trabajo en el que me pagaran más para poder mantenernos a mi madre y a mí, y ella me propuso trabajar para el Servicio de Pesquerías.

—Anda, anda, ese puesto lo tienes muy bien merecido.

En ese momento oímos unos suaves golpes en la puerta y asomó una cabeza canosa. Era mi jefe, Elmer Higgins.

—¡Estoy completamente de acuerdo! —exclamó mientras le daba un enérgico apretón de manos a la profesora—. Mary, nos has hecho un gran regalo al mandar a Rachel a trabajar aquí con nosotros. De hecho... —continuó mientras jugueteaba con el sacapuntas de mi mesa—, Rachel, creo que tú puedes hacer cosas mejores.

—¿A qué se refiere? —pregunté alarmada. ¿Me estaban despidiendo?

—He leído el folleto que has preparado para la publicidad de las actividades de esta oficina, y bueno... Creo que deberías escribir. —Se sentó de lado en la silla, frente a mí—. Me refiero a escribir en serio. No anuncios en folletos y panfletos —añadió con énfasis, extendiendo los brazos—, sino artículos en grandes periódicos.

—¿Escribir en los periódicos? Pero yo he estudiado Zoología, ¿sobre qué podría escribir?

—Sobre tu gran pasión, por supuesto —afirmó el profesor, asintiendo con convicción—, a la que ya has dedicado un programa de radio de cincuenta y dos capítulos. ¡El océano!

El océano. Parece increíble que la mayor pasión de alguien que no sabe nadar y les tiene miedo a los barcos sea el océano, pero así es. Aquel día se me encendió una lucecita en la cabeza. ¿De verdad podría dedicarme a escribir sobre el mar? El mar y la escritura juntos. Parecía un sueño. El mío.

Southport Island, Maine, 1953

—¡Rachel Carson! ¡Es usted de verdad! Es un placer conocerla.

Alguien me saludaba moviendo el brazo al otro lado de la cancela de mi nueva casa, en Maine. Hacía un par de días que me había mudado allí con mi madre; necesitaba un lugar agradable para poder escribir con tranquilidad. Para entonces, ya era escritora. ¡Y famosa! Hasta el punto de que aquella señora, evidentemente, sabía quién era.

—Soy Dorothy Freeman. Vivo cerca de aquí. Le mandé una nota cuando llegó, ¿se acuerda?

Ah, sí. Una carta de bienvenida muy amable. Me acerqué a saludarla.

—Soy una gran admiradora suya —continuó—. Me leí *Bajo el viento oceánico* de un tirón, pero el otro libro, *El mar que nos rodea,* ¡me gustó todavía más!

El éxito de aquel libro, *El mar que nos rodea,* fue precisamente lo que me permitió mudarme a aquella maravillosa casa de campo. Por fin podría dedicarme por completo a la escritura. ¡Sin tener que perder horas de sueño para escribir por la noche después de pasar todo el día trabajando en el Servicio de Pesquerías! Desde luego, allí había aprendido muchísimo. Había conseguido ser redactora jefa y había sido una experiencia fantástica. Pero había llegado el momento de convertirme en escritora a tiempo completo. Para celebrarlo, hasta me había comprado un microscopio, así podía observar las minúsculas criaturas que poblaban el campo y el agua.

—Yo vivo a pocos kilómetros de aquí, con mi marido y mis hijos —dijo mi nueva conocida—. Cuando me enteré de que iba a venirse a vivir tan cerca, me alegré muchísimo. No se suele tener la suerte de conocer a los autores que más le gustan a una.

Aquel día dimos un largo paseo juntas. La señora Freeman me llevó a conocer la isla: Southport Island es una isla pequeña que está muy cerca de la costa, rodeada de otras muchas islas más pequeñas frente al Atlántico. No podría haber deseado mejor inspiración para mis libros.

—*El mar que nos rodea* —continuó Dorothy con entusiasmo—, primero leí un par de capítulos en *The New Yorker*...

—Sí, es verdad, *The New Yorker* publicó una buena parte.

—Pero luego me cansé de esperar y me compré el libro para poder leerlo todo seguido. ¡Qué maravilla!

—Fue un buen libro. Al público le gustó mucho, y también recibí premios importantes. Pero, dígame, ¿por qué le ha gustado?

La señora Freeman pareció reflexionar.

—Es… poético. Y al mismo tiempo está lleno de información. Aprendí muchas cosas que no sabía, y además fue una lectura apasionante, como una novela de aventuras. Por otra parte, se nota que debe de haber estudiado mucho para escribirlo, ¡y viajado!

—Sí, eso también. Sobre todo, entrevisté a mucha gente: expertos oceanógrafos que me ayudaron a exponerlo todo correctamente.

Ese fue el primero de muchos paseos. Dorothy y yo nos hicimos amigas inseparables para toda la vida.

Southport Island, Maine, 1958

Mi vida volvió a cambiar una mañana, en la mesa del desayuno, unos años más tarde. Mi madre estaba hojeando el correo en el salón. Con nosotras vivía Roger, que entonces tenía seis años. Era el hijo de una sobrina mía.

—Roger, dale esto a la tía Ray —le dijo mi madre mientras le daba un paquete.

Mi sobrino corrió a traérmelo. Miré el remitente: Olga Owens Huckins. ¡Una vieja amiga escritora! Lo abrí impaciente. El paquete contenía una carta y un recorte de periódico.

RACHEL CARSON

Querida Rachel:

Te envío un artículo mío, publicado en el Boston Herald, *en el que planteaba un tema que me preocupa mucho. Lamentablemente, el tema no parece recibir la atención que merece. Me dirijo a ti con la esperanza de que, al saber lo insensato que es actuar de un modo en el que no se respete la naturaleza, pueda interesarte la cuestión. Y, quién sabe, quizá algún día escribas sobre ello.*

Con el cariño de siempre,
Olga

Estaba muy intrigada. Me apresuré a leer el recorte de periódico. Mi amiga contaba que un avión había sobrevolado la región rociando insecticida y había alcanzado también su finca de Duxbury, en Massachusetts. Todos sus pájaros murieron, algunos enseguida, otros al día siguiente. Desde entonces no había ni rastro de grillos ni abejas. Y cuando se roció el mismo insecticida sobre Long Island, en el estado de Nueva York, ni siquiera los peces lograron sobrevivir. «Es absolutamente necesario —escribía Olga en mayúscula— que se dejen de rociar venenos hasta que no tengamos pruebas científicas y a largo plazo acerca de sus efectos sobre los animales salvajes y los seres humanos».

Otra vez los insecticidas. Se me vino a la cabeza una sigla en particular: DDT. Dicloro difenil tricloroetano. ¡Cuánto había oído hablar de él en la oficina! Las empresas que producían DDT y otros pesticidas similares insistían en lo fabulosamente eficaces que eran contra las plagas e «inofensivos» para el ser humano. Sin embargo, mi jefe, Elmer Higgins, se mostraba escéptico. Los expertos llevaban años hablando de este pesticida, pero el público no sabía casi nada de él. Tenía que remediarlo, de forma que me puse a trabajar. En unas cuantas semanas logré ponerme en contacto con los entomólogos, naturalistas, químicos, médicos y biólogos más expertos que conocía.

Al cabo de unos meses ya había acumulado mucho material. Una tarde, yo estaba escribiendo a máquina mientras Dorothy leía en un sillón de mi estudio y Roger jugaba en la alfombra.

—¿Qué estás escribiendo, tía? —preguntó de pronto.

—Una historia —contesté sonriendo—. Una larga historia...

—¿Me la cuentas?

—Bueno, es una historia triste.

—Quiero que me la cuentes de todas formas.

—Yo también quiero oírla —dijo Dorothy cerrando su libro.

—Muy bien, entonces, os la cuento. Hace unos años, en Nueva Inglaterra, los olmos empezaron a enfermar por un hongo. El hongo parásito pasaba de un árbol a otro a través de los coleópteros.

—¿Cómo? ¿Por los coleópteros?

—Sí, cuando los coleópteros se posaban en las ramas enfermas, las esporas del hongo se les quedaban adheridas a las patitas, y, por eso, cuando tocaban un olmo sano, se infectaba.

—¡Se parece a lo que pasa con las abejas y el polen! —exclamó Roger enseguida.

—Exacto. Y para curar a los olmos, se rociaron grandes áreas con DDT. El objetivo era matar a los coleópteros y detener el contagio.

—¿Y funcionó? —preguntó Dorothy.

—Bueno, ese es el problema. Al llegar el otoño, las hojas de los olmos cubrieron el suelo. Pero sobre ellas todavía había una buena capa de DDT.

—¿No se quita con el tiempo?

—Por desgracia, no. ¿Y quién se arrastra entre las hojas que han caído al suelo?

—¡Los gusanos! —dijo Roger.

—Muy bien, las lombrices de tierra. Conforme pasa el invierno, las lombrices están cada vez más contaminadas. Muchas mueren; y algunas, un poco maltrechas, sobreviven. Luego, con la primavera, llegan los petirrojos. ¿Y sabes qué comen los petirrojos?

—¡Lombrices! —exclamó Dorothy horrorizada.

—Pues sí. Solo se necesitan once lombrices con DDT para matar a un petirrojo. Prácticamente, una merienda.

Me miraron consternados.

—Bueno, ya os dije que era una historia triste. A fuerza de fumigar con DDT, ya no cantará ninguno en primavera.

—Pero, por lo menos, ¿los árboles se ponen mejor? —preguntó Roger.

—En realidad, no siempre. En muchas zonas fumigadas siguen muriendo, a pesar del DDT.

—¿Y eso solo ocurre en Nueva Inglaterra? —replicó Dorothy.

—Es una pena, pero no. Los petirrojos son solo un ejemplo. En cualquier lugar, el uso masivo de DDT u otros insecticidas tóxicos comporta consecuencias inesperadas que afectan a muchísimas especies en cadena. No son insecticidas... son «biocidas», peligrosos para todos los seres vivos. Incluidos los seres humanos.

—¿Y cómo se las arreglarían los agricultores sin pesticidas? No pueden jugarse la cosecha de todo un año por una plaga.

—No estoy diciendo que los insecticidas no deban utilizarse nunca. Lo que digo es que deberíamos ser más prudentes y no permitir un uso tan indiscriminado de sustancias peligrosas como el DDT.

Mi trabajo de investigación duró cuatro largos años. Para publicar un libro que criticaba tan directamente a las multinacionales de los pesticidas, y también al Gobierno que había permitido su uso, tenía que documentarme. ¡Tenía que ser inatacable!

—Ray, tal vez deberías usar un pseudónimo... —me dijo un día mi editor, con cautela.

—¿Qué quieres decir?

—Bueno, podrías firmar el libro con un nombre falso.

—¡Ni hablar!

—Rachel, eres una autora reconocida. La trilogía del mar es un éxito de ventas. Eres famosa en todo Estados Unidos. Piensa en las empresas de pesticidas: tu libro será una catástrofe económica para ellas. ¡Te declararán la guerra!

—¡Y yo responderé! —repliqué con decisión, poniéndome de pie—. Además, ¡no es que me haya inventado nada! —añadí con una sonrisa mientras me servía un vaso de naranjada—. Lo que escribo es ciencia.

Desde que supe lo peligroso que era el DDT, sentí que ya nada podría detenerme hasta que consiguiera atraer la atención de todos. Y lo conseguí.

El libro se publicó en 1962. Se tituló *Primavera silenciosa*. Fue un éxito rotundo, increíble, sin precedentes. Y, junto con mi nombre, se hizo famosa una nueva palabra: «ecología». Desde luego, tampoco faltaron las críticas: «mujer histérica», «solterona que a saber por qué se interesa por la genética», «obsesionada con los pájaros y los conejitos...». Y, menuda casualidad, siempre procedían de quienes tenían intereses en la comercialización de insecticidas. Pero lo mejor fue que el presidente de Estados Unidos, John Fitzgerald Kennedy, creó un comité científico para examinar el contenido del libro. Un año después de su publicación, el informe del comité hablaba claro: había que detener el uso masivo de DDT lo antes posible. «La acumulación de residuos en el medioambiente solo puede mantenerse bajo control mediante una reducción regulada de los pesticidas resistentes».

¡Lo había conseguido! Qué satisfacción ante los que decían que todo eran cuentos. Nunca subestimes los cuentos. Después de todo, yo solía escribirlos de niña. ¿Y sabes cómo empieza *Primavera silenciosa?* Con «Érase una vez...».

RACHEL CARSON

Dice Rachel

«El ser humano es parte de la naturaleza y su guerra contra la naturaleza es, inevitablemente, una guerra contra sí mismo».

Números

El DDT se sigue usando en las áreas tropicales contra los mosquitos portadores de malaria. Pero su uso se ha reducido radicalmente: la cantidad de DDT que se rociaba en los años cincuenta sobre cien hectáreas de campos de algodón en una sola temporada hoy se considera suficiente para proteger de la malaria a toda la región de Uganda septentrional (¡ochenta y cinco mil veces más grande!) durante un año entero.

Qué puedes hacer tú

¿Quieres entrar a formar parte de una comunidad internacional de apasionados observadores de aves? Podrás compartir tus fotos y los cantos que consigas grabar, todo a beneficio de la ciencia: https://ebird.org

Y ahora...

- Si quieres conocer a otra científica escritora, *ve a la página 89.*

- Si quieres descubrir por qué las abejas son tan importantes, *ve a la página 23.*

EVA CRANE

Un regalo de bodas tan dulce como la miel

–Disolved dos cucharadas de miel en dos cucharadas de agua, removed y añadid otras seis cucharadas de agua para diluir la mezcla. Extendéoslo por la cara y masajead suavemente. Luego, aclarad y, *voilà,* tendréis la piel tan fresca y suave como la de un bebé. Piel de miel.

Si el día que me casé hubiera conocido ya esta receta de belleza que ahora les aconsejo a amigas y desconocidas (de hecho, también la he escrito en un libro sobre la miel), me habría sentido más guapa. No es que lo necesitara, porque era bastante mona, ¡pero aquel día cambió toda mi vida! No me refiero al amor, que también, porque estaba loca por mi marido y contentísima de casarme con él y convertirme en la señora Eva Crane. Pero hubo algo más. ¿Cómo podría describir aquel sentimiento? ¿Habéis oído decir alguna vez aquello de «dulce como la miel»? Muchos poetas y escritores usan esta metáfora para referirse a la alegría, la ternura y la felicidad. Aquel lejano día de 1942 estaba realmente feliz. La celebración de la boda fue sencilla, o más bien se podría decir esencial. Aunque tampoco es que tuviera elección. Estábamos en guerra. Mi país, Inglaterra, no había sido invadido, pero los bombardeos de las fuerzas alemanas fueron terribles.

—Falta de todo, la gente tiene hambre. No quiero hacer una fiesta para la boda —le dije a James, mi futuro marido.

—Estoy de acuerdo, llamaremos a unos pocos amigos y a los familiares más cercanos.

Pero, aunque les invitamos a presentase sin regalos, no nos hicieron caso. Rodeada de paquetes, esperé a que llegara mi marido para abrirlos.

—Venga, vamos a abrir los regalos.

Estaba emocionada, como una niña. Creo que aquel día quería olvidarme de todas las responsabilidades del trabajo y las preocupaciones por la guerra. Entre los regalos había una nota suelta, sin ningún paquete. Me llamó la atención.

—¡Vamos a ver qué pone! —le dije a mi marido.

Los invitados también la miraban con curiosidad.

James se aclaró la garganta.

—En el jardín encontraréis un regalo, os servirá para hacer más dulces los días —leyó en voz alta.

—¿Quién lo firma? —pregunté contenta.

—No sé..., no lo pone.

Observé a los invitados a mi alrededor. Todos nos miraban con asombro y curiosidad, solo uno de ellos tenía una expresión irónica.

—¡Es tu regalo! —exclamé como si hubiera descubierto América.

¡Le había pillado! Pero ¿qué nos había regalado? Lo descubriríamos aquella noche.

Tras despedir a todos los amigos y familiares, llegamos a casa agotados; estábamos cansadísimos después de tantas emociones. En el jardín nos esperaba un paquete enorme con una forma muy rara. Lo abrimos con mucho cuidado. Era una especie de cajonera de madera. Cada cajón llevaba una red, como una malla muy apretada. James y yo nos miramos perplejos.

—¿Qué es...? —preguntó James receloso.

«Días dulces...», pensé. Empezaba a entenderlo.

—Creo que es una colmena.

—¿Una colmena?

Era una idea original, desde luego. Llamamos a nuestro amigo para darle las gracias.

—Estamos en guerra y falta el azúcar, así que pensé que tener un ejército entero de abejas que producen miel podía ser cómodo y nutriente —nos dijo riéndose.

Todavía no sabía que aquel regalo iba a cambiarme la vida. Ni que iba a dedicar más de cincuenta años a estudiar a las abejas.

¿Cómo iba a imaginármelo? Yo me dedicaba a otras cosas.

Desde pequeña había sido una alumna prometedora y diligente, aunque no gozaba de muy buena salud. «Tenéis que estudiar y abriros camino en la vida», nos exhortaban nuestros padres a mi hermana y a mí. En aquella época no era tan común que las chicas estudiaran. Más bien, las familias solían acordar un buen matrimonio para ellas. Por suerte, mis padres no pensaban así, aunque tampoco es que nadaran en la abundancia. Mi madre era modista, prácticamente se dedicaba a arreglar sombreros, y mi padre trabajaba en el sector de la papelería. Pero para mí y para mi hermana, la adorada Elsie, querían algo mejor.

Cuando fui a la universidad a estudiar Matemáticas, se alegraron mucho; bueno, muchísimo, porque había conseguido una beca de estudios en el prestigioso King's College de Londres, la ciudad en la que nací el 12 de junio de 1912.

Terminé la carrera en dos años, lo que me costó muchísimo esfuerzo.

—Ya me decía su maestra que Eva era una niña realmente inteligente —le contaba mi madre con falsa modestia a las señoras que iban a comprarle un sombrero.

—¡Qué suerte, Rose! —le contestaban sin dejar de mirarse al espejo, moviendo la cabeza en todas direcciones para estar seguras de que el sombrero les quedaba perfectamente. ¡Estaba claro que no les interesaban mis acrobacias académicas!

Yo a veces intentaba picar a mis padres. Lo hacía medio en broma, pero también para ver cómo reaccionaban.

—En mi clase, casi todos son chicos —les decía desafiante.

—Bien, bien —contestaba mi padre distraído.

Mi madre decía más o menos lo mismo, solo que con un tono un poco más agudo. Por aquellas frases, un poco en broma y un poco en serio, me daba cuenta de que mis padres eran realmente especiales, o por lo menos distintos de los demás padres, y que a nosotras nos dejaban plena libertad.

Seguí estudiando durante muchos años. Después de la carrera, hice un máster en Mecánica Cuántica y un doctorado en Física Nuclear. Casi siempre era la única mujer en aulas llenas de hombres bigotudos. Pero tengo que confesar que nunca me importó mucho, nunca me sentí incómoda.

Cuando terminé los estudios, la Universidad de Sheffield, en Yorkshire, me acogió con los brazos abiertos y me ofreció un puesto como profesora. Mi camino estaba trazado. En 1941, ya tenía una cátedra de Física Nuclear y muy pronto llegaría la boda... Lo único que no había previsto era la colmena.

—Y ahora, ¿quién se encarga de esto? —me preguntó James el día después de la boda mientras miraba con recelo el extraño regalo.

—¡Yo! —contesté entusiasmada.

No es que tuviera una inclinación especial para las tareas domésticas ni la jardinería, y mucho menos para el cuidado de los animales. Simplemente, me atraía la colmena. Me pasaba horas enteras observando a las abejas con un equipo de protección puesto para evitar las picaduras. Me fascinaba su organización social, su forma de trabajar. Sobre todo, descubrí lo importante que eran para nuestra existencia.

—¿Por qué te gustan tanto las abejas? —Al principio, James no lo entendía.

—No es eso. Es que soy científica y quiero entender su trabajo, ¡su función!

Reivindicaba con fuerza mi identidad de estudiosa. Y también lo hice cuando abandoné la física nuclear para dedicarme totalmente ellas, mis adoradas abejas.

Solía hablar de ello con mi hermana, Elsie Widdowson (este era también mi apellido de soltera, antes de que todos me conocieran como la señora Crane). Ella era experta en química, reconocida como una de las nutricionistas más reputadas del país, hasta el punto de que el Gobierno británico solicitó su ayuda para mejorar el contenido nutricional de los alimentos para niños durante los difíciles años de la guerra.

—¿Sabías que sin las abejas no tendríamos gran parte de los alimentos? —le pregunté un día, orgullosa de mis investigaciones—. ¿Y que la mayor parte de la producción vegetal depende de las abejas? Si no fuera por ellas, que vuelan de flor en flor, se alimentan de néctar y lo transportan, permitiendo la polinización, muy pocas plantas conseguirían reproducirse.

—¡Pero mira que eres ingenua! ¡Pues claro que lo sé! ¡Yo me dedico a los alimentos! La abeja es un insecto maravilloso y útil, fundamental para nuestro ecosistema... Pero tú disfruta de la miel y déjalas en paz. ¡Qué sabrá de abejas una física nuclear!

Pero yo no tenía la más mínima intención de abandonar a mis adorados insectos. Me impresionaba lo importante que eran para la protección de una enorme variedad y diversidad de especies y organismos. Eran unas verdaderas guardianas del medioambiente y estaban amenazadas por los pesticidas, el cambio climático y un hábitat empobrecido por los monocultivos.

—¡Qué haríamos sin ellas! —Era una desazón que no me dejaba tranquila.

—¿Sin quién? —me preguntaba preocupado mi marido. Luego, con el tiempo, se acostumbró a mis preguntas.

Empecé a leer todo lo que encontraba sobre las abejas, y hasta me inscribí en una asociación de apicultores de la que muy pronto llegué a ser una de las socias más activas. Esperaba con ansia la llegada del nuevo número de la revista *Bee World* (El mundo de las abejas), a la que me había abonado y que, con el tiempo, llegaría a dirigir. Pero entonces no lo sabía.

Mi pasión y mi dedicación me dieron a conocer en el mundillo, y, al cabo de unos años, me llegó una propuesta inesperada.

—Queremos fundar una asociación que estudie de modo científico las abejas. Tú podrías ser la persona adecuada para ese trabajo.

Me entusiasmó.

Y así, en 1949, nació en el salón de mi casa la Bee Research Association, que dirigí durante treinta y cinco años y que llegó a convertirse en una asociación internacional muy respetada, ¡aunque la sede general siguió siendo el salón de mi casa hasta 1966! Luego encontramos una sede de verdad y nos mudamos.

—Por lo menos, estarás un poco más en casa —me dijo mi marido aquel día de 1949.

Su trabajo de agente de bolsa no tenía nada que ver con las abejas, pero él me animaba. Le gustaba mi activismo infatigable. Decía que tenía un don de familia. Mi hermana también rebosaba energía, creo que nos lo transmitió mi madre. ¡Por algo murió a los ciento siete años, un verdadero récord de longevidad!

Sin embargo, mi marido se equivocaba en una cosa. Él imaginaba que, al encargarme de la asociación y dedicarme al estudio de las abejas, me pasaría los días rodeada de libros en casa o en la biblioteca. Eso también lo hice, porque me gustaban las bibliotecas y estudiar. Pero sobre todo empecé a viajar muchísimo.

—Si tengo que estudiar a las abejas, tendré que ir a conocerlas por todo el mundo. Porque no son todas iguales, tendrán que adaptarse a las distintas condiciones ambientales…, y estoy segura de que los apicultores de otros lugares emplean técnicas diferentes que nosotros no conocemos.

—Lo importante es que vuelvas —me decía riendo mi marido cada vez que me veía sacar la maleta.

Me llevaba lo mínimo indispensable porque la mayoría de las veces eran viajes incómodos y arriesgados. Entre 1949 y 2000 visité, al menos, sesenta países. Durante muchos años no fue nada fácil viajar, no como hoy, que se va de un extremo al otro del mundo en un abrir y cerrar de ojos. Además, mis metas no eran las grandes ciudades. Casi siempre se trataba de lugares aislados y de difícil acceso. Puedo decir que he viajado utilizando todos los medios de transporte y en todas las condiciones posibles, cogiendo desde canoas hasta trineos tirados por perros sobre el hielo. A veces, me llamaban los Gobiernos.

Querían que los ayudara a desarrollar la apicultura. Otras veces, eran los agricultores los que me pedían que interviniera.

Me sentía un poco como una arqueóloga. Descubrí, por ejemplo, que en la antigua Babilonia usaban la miel para conservar los cadáveres, y en Pakistán constaté que los apicultores recogían la miel con la misma técnica que usaban los antiguos griegos.

Cuando volvía de mis viajes, mi marido me esperaba feliz, pero también preocupado por lo que llevaba a casa.

—Dentro de nada tendremos que tirar los muebles para poder meter todos tus *souvenirs* —se quejaba.

Lo entendía, pero no podía evitarlo. Además de estudiar las abejas con actitud científica, sentía una verdadera pasión de coleccionista por cualquier objeto que hiciera referencia al mundo de las abejas, desde una vieja herramienta hasta un horrible cuadro. Creo que, a lo largo de mi vida, he coleccionado y catalogado más de dos mil objetos, suficientes para llenar un museo.

Esquivaba las protestas de mi marido contándole mis nuevos descubrimientos.

—¿Sabías que en Vietnam han utilizado las abejas como arma de guerra? Desde luego, luchar contra un enjambre que te ataca no es nada fácil.

Cada viaje era especial.

—En Nepal hay colmenas en las rocas, justo delante del Himalaya. Un espectáculo maravilloso.

James oía mis historias con una actitud formidable.

—Tendrías que escribir un libro sobre tus viajes —me animaba.

Lo hice, pero demasiado tarde para que él lo leyera. Murió en 1978.

He escrito muchos libros y artículos. Descubrí en textos antiguos algunas huellas de lo que los investigadores contemporáneos llaman la danza de las abejas, una especie de vibración que estos insectos utilizan para comunicarse entre ellos.

Cuando, en 1984, ya anciana, dejé la dirección de la asociación que había fundado, muchas personas me llamaron preocupadas.

—¿Qué vas a hacer ahora? Todavía necesitamos que nos ayudes, no podemos renunciar a tus enormes conocimientos.

Estaban consternados por mi jubilación.

—No os preocupéis, no abandono el estudio de las abejas.

Es más, en algunos aspectos me volví aún más activa. Gran parte de los más de ciento ochenta artículos y libros que he escrito en mi vida los escribí precisamente durante esa época, entre los setenta y los ochenta años. Ha sido un buen ejercicio para mantener el cerebro en funcionamiento y no envejecer. Quería mantener el título que jocosamente me había dado la comunidad científica. Yo era para todos «la abeja reina entre los expertos en abejas».

Aún me quedaban muchas satisfacciones por vivir. Cada vez con mayor frecuencia se veía clara la utilidad de mis investigaciones. En 2001, por ejemplo, recibí una llamada de Luisiana (Estados Unidos).

—Señora Crane, necesitamos su ayuda. Los ácaros están destruyendo familias enteras de abejas. Muy pronto quedarán diezmadas y no sabemos qué hacer. Ya lo hemos intentado todo, pero nada... —La voz del teléfono transmitía verdadera preocupación—. ¡Todo esto también será desastroso para la agricultura de nuestro estado! —concluyó el funcionario del Gobierno.

—Bueno, hay una solución... ¡Las abejas rusas!

—¿Perdón? —Percibí en la voz una sensación de desconcierto.

—Sí, las abejas rusas —repetí con firmeza—. Ellas consiguieron vencer al parásito asesino y ahora son resistentes a los ácaros.

—Nosotros también podríamos intentarlo, pero ¿cómo?

—Pues muy fácil, ¡coged algunas abejas de Rusia!

El Gobierno de Luisiana hizo precisamente eso, importó un montón de abejas y el problema quedó resuelto: muy pronto, las abejas de Luisiana también se hicieron resistentes a los ácaros.

Sin falsa modestia, puedo decir que, para cualquier consulta, incertidumbre o petición de ayuda, siempre, o casi siempre, tenía la respuesta correcta. En caso de duda, solo tenía que bucear por los papeles de mi inmenso archivo. Era una de las cosas de las que me sentía más orgullosa, además de por el hecho de haber dirigido algunas de las revistas más prestigiosas del sector. Creé una enorme colección, sesenta mil obras sobre apicultura de todo el mundo. Las abejas siempre han sido un tema fascinante para la investigación: alguien afirmó que solo el ser humano ha sido objeto de tantos estudios científicos.

Pero no creáis que solo me dediqué a la investigación científica. En la cocina, mis recetas con miel son verdaderas delicias. Y no olvidéis vuestra rutina de belleza. ¡Miel mezclada con agua y estaréis resplandecientes!

EVA CRANE

Dice Eva
«No eran las abejas las que me atraían. Soy científica y quiero saber cómo trabajan».

Números
Las abejas garantizan la biodiversidad y nuestra posibilidad de alimentarnos. Muchas de las 20 000 especies existentes polinizan el 85% de los cultivos alimentarios y frutales del mundo. Pero, en las últimas décadas, el número de especies de abejas encontrado en la naturaleza ha disminuido considerablemente.

Qué puedes hacer tú
Entre las causas del drástico declive del número de abejas están el cambio climático, el uso de pesticidas y la progresiva urbanización. Luchar por el medioambiente ayuda también a las abejas. Si quieres actuar de forma concreta, sigue los consejos de Slow Food. Empieza a plantar flores, por ejemplo, o compra miel a los apicultores locales: https://www.slowfood.com/es/save-bees-farmers/

Y ahora...
- Si quieres descubrir qué tienen en común los insectos y los elefantes, *ve a la página 47.*
- Si quieres conocer a otra gran viajera, *ve a la página 75.*

BARBARA MAZZOLAI

Robot y clorofila: la ingeniera que piensa en verde

Todo empezó por un calabacín o, mejor dicho, dos.

Nuestro jardín era el reino de mi padre. Él era el que cuidaba de cada plantón, disponía y alternaba las distintas especies con los sistemas que él mismo se había inventado, y sembraba, podaba y regaba a diferentes horas del día. Vivíamos en Rosignano Solvay, un pueblecito que está cerca de Livorno, en la Toscana. Era como vivir en la playa y el campo al mismo tiempo. Un día, mi padre me dijo que se tenía que marchar unas semanas.

—Bárbara, ¿te encargarás tú del huerto?

Eso hice. Dediqué un poco de tiempo cada día a quitar las malas hierbas, comprobar el crecimiento de los brotes y regar las plantas.

Mis favoritas eran las plantas de calabacín. Son trepadoras, así que cada vez que iba a verlas me encontraba con que habían recorrido un poco más del camino. ¡Siempre me sorprendía! Día a día avanzaban por las cañas que mi padre les había preparado, se enrollaban en ellas y conquistaban espacio y estabilidad. Hasta que una mañana, durante mi visita diaria al huerto, noté algo extraño.

Dos plantas de calabacín habían tomado una ruta inusual. Se habían aventurado a lo largo del camino que llevaba a la pared de la casa y, una vez allí, encontraron un tubo en el que enrollarse. Pero lo más extraño era que las dos plantas pioneras habían recorrido todo el camino, desde el huerto hasta el tubo, en paralelo, sin cruzarse ni alejarse la una de la otra.

Las plantas no ven, así que ya me resultaba raro que hubieran «elegido» un camino en vez de otro, pero que, además, hubieran recorrido varios metros en compañía, como si se hubiesen puesto de acuerdo, me parecía realmente increíble.

¿Las plantas eran capaces de comunicarse?

—¡Barbaraaaa!

Unos años más tarde, en verano, mi hermano me llamó como si fuera una verdadera emergencia. Sabía lo que significaba.

—¡Date prisa! ¡Está a punto de empezar!

Yo estaba pintando en el jardín. Dejé la paleta y los pinceles y corrí a casa. Estaba entrando cuando escuché las notas del *Aria para la cuerda en sol,* de Bach. ¡Justo a tiempo! No me perdía ni un episodio del programa italiano de divulgación científica *Quark*. Me senté en el sofá entre mis hermanos. Mientras el

BARBARA MAZZOLAI

presentador, Piero Angela, aparecía en primer plano, mi madre, sentada en el sillón, se aclaró la garganta. Sabía que estaba a punto de volver al ataque...

—¿Y bien? —me preguntó como quien no quiere la cosa—. ¿Has decidido algo?

Era una pregunta que me repetían a todas horas. Había terminado el instituto y muy pronto tendría que decidir qué carrera iba a estudiar. Pero yo seguía dudosa, ¿bellas artes o biología? Levanté los ojos al cielo resoplando.

—¡Jo, mamá! Siempre me estáis metiendo prisa...

Era un problema al que me enfrentaría muchas otras veces en mi vida: me interesaban demasiadas cosas. Al crecer entre paseos por el bosque y salidas a la playa, estaba acostumbrada a curiosear constantemente en la naturaleza. Mi padre era micólogo, es decir, estudiaba los hongos. «En un ecosistema, todo está conectado —solía decirnos—, y en este ecosistema estamos también nosotros». Yo acostumbraba a perderme en la playa para observar los peces de cerca. Lo que me gustaba de la naturaleza era precisamente eso: siempre se podían descubrir cosas nuevas. ¡Y el mismo gusto por la observación era lo que hacía que me encantara también el arte!

Pero aquella vez ganó la biología. Después de todo, tenía que resolver el misterio de los calabacines.

—Se trata de diseñar sensores para monitorizar el mercurio en la atmósfera. Me gustaría que te encargaras de ello.

El profesor Paolo Dario me escrutaba con seriedad por encima de sus gafas. Mientras tanto, yo seguía intentando asumir la información y orientarme en el nuevo escenario. ¿Cuántas cosas interesantes existen en el mundo? Yo quería saberlo todo y nunca había tiempo suficiente.

Mi pasión por la naturaleza me había llevado a conseguir el título en Biología en la Universidad de Pisa. Creía que eso era el culmen, ¡pero la aventura solo acababa de empezar! Aún no había terminado la carrera cuando comencé a trabajar como biofísica para el Consejo Nacional de Investigación de Italia: estudiaba los efectos del mercurio sobre la salud humana. Sin embargo, no tardé en darme cuenta de que el enfoque de la biología no era suficiente... tenía mucho más que aprender. Así que, junto al difícil trabajo del laboratorio, me metí en otra empresa titánica.

Un doctorado en Ingeniería. En Roma.

—¿Estás loca? —Los compañeros me miraban alucinados—. ¿Para qué le sirve a una bióloga estudiar ingeniería? Y ni siquiera la carrera, ¡un doctorado!

Aquello implicaba adquirir rápidamente una cantidad increíble de conocimientos que el resto de alumnos (todos ellos ingenieros) habían podido asumir con calma, durante la carrera, mientras que yo estaba prácticamente en otro mundo, estudiando las plantas, los animales y la protección del medioambiente. Por no mencionar el aspecto práctico: tendría que estar yendo y viniendo continuamente de Roma a Pisa.

Estudiaba día y noche. «Esta vez me he pasado —me decía muy tarde por las noches, inmersa en los libros—. ¡No lo conseguiré jamás!». Fue agotador, pero era lo que quería y me impliqué en ello hasta el final.

Por fin terminé el doctorado en Ingeniería de Microsistemas y, poco a poco, la decisión de ser una científica «rara», un poco bióloga y un poco ingeniera, empezó a cobrar sentido. Todo pareció cuadrar cuando conocí a Paolo Dario, que enseñaba Ingeniería Industrial en el Instituto Sant'Anna de Pisa.

—Lo que tengo en mente —me explicó aquel primer día— es activar una nueva línea de investigación para la monitorización ambiental. Pero quiero hacerlo usando la tecnología —precisó—. Muchos biólogos se asustan ante esta palabra: *tecnología*. Pero algo me dice que tú no... —Sonrió—. ¿O me equivoco?

No se equivocaba. Me metí de cabeza en aquel mundo nuevo. Y solo fue el primero de una larga serie de proyectos de protección ambiental. Para entonces, ya sabía exactamente lo que quería hacer. Proteger la naturaleza, claro. Pero quería hacerlo de otra forma, de un modo innovador y elegante, usando todo lo que había aprendido hasta el momento.

Viajé. En Japón vi robots maravillosos, capaces de tocar la trompeta o arrastrarse como serpientes. Poco a poco, se fue abriendo paso en mi mente la idea de crear máquinas inspiradas en la naturaleza. Siguiendo a las plantas de los calabacines, había llegado a los robots.

¿Era o no, una bióloga ingeniera?

—... ¡Por eso las plantas son el modelo perfecto para construir robots capaces de estudiar el suelo!

Solté el mando a distancia y miré al público emocionada. A mis espaldas seguía la diapositiva con el prototipo del plantoide: una estructura en forma de árbol con vistosas raíces que se hundían en el terreno; por la parte superior tenía ramas y hojas «inteligentes» que contenían pequeños paneles solares.

¡Mi adorado plantoide! Había diseñado un robot inspirado en una planta. Una máquina que usaba las estrategias del mundo vegetal para explorar un ambiente misterioso y crucial para la salud de nuestro planeta, el que tenemos bajo los pies. No nos paramos a pensarlo, pero los mecanismos ecológicos del suelo son importantísimos para el equilibrio ambiental. Sin duda, había que estudiarlos, y el plantoide servía precisamente para eso. ¡Cuánto había trabajado en esta idea con mi grupo de investigación! ¡Y qué larga se había hecho la espera antes de presentarla!

Pero solo tuve que echar una ojeada a las primeras filas para que se me congelara la sonrisa. La mitad de los presentes me miraban con perplejidad, y, lo que era aún peor, la otra mitad me miraba con aburrimiento. Una mano se levantó al fondo del aula.

—¿Sí? —miré con esperanza en aquella dirección. Las preguntas siempre son algo positivo, significan interés.

—Los robots que estudian el suelo ya existen —comenzó a decir el dueño de la mano—, y se inspiran en los topos. Un modelo animal, que tiene cerebro y se mueve. Una planta se queda quieta. ¿Para qué sirve un robot que parece un vegetal?

Muchos sonrieron; algunos incluso soltaron una carcajada.

—¡Un vegetal conoce estrategias de supervivencia muy eficaces! —contesté—. Precisamente porque no puede escapar es capaz de resistir a los ataques de los animales, que lo que hacen es huir.

Los colegas ya empezaban a levantarse, haciendo ruido con las sillas, para acercarse a la máquina de café.

—¡Las plantas no tienen cerebro porque tienen una inteligencia deslocalizada!

Para entonces solo quedábamos nosotros dos. Él me miraba como si le hiciera gracia, ya ni siquiera replicaba. Era evidente que no me consideraba preparada.

—Buena suerte... —dijo al salir.

Volví al laboratorio furiosa. Así no iba bien. Faltaba un mes para otra presentación importante: tendría que exponer mi proyecto ante un público internacional. No podía correr el riesgo de que no me entendieran. Tenía que cambiar de estrategia.

Llegó el gran día. Me dirigí al aula con todo lo que necesitaba: el mando a distancia, la memoria USB con las imágenes que había diseñado, una planta de romero en una maceta pequeña y unas tijeras de poda. Cuando llegó mi turno, puse la maceta sobre la mesa, a la vista de todos, y comencé la exposición.

—Más del 97 % de la masa orgánica presente en la Tierra es vegetal. ¿Por qué?

Di unos cuantos pasos por la tarima.

—Para entender el extraordinario éxito evolutivo de las plantas, tenemos que hacernos una pregunta: ¿qué sabe hacer una planta? —Me dirigí directamente al público—. Solemos pensar en las plantas como organismos pasivos que no se comunican. Pero no es así.

Apunté hacia la pantalla con el mando. Esta vez no apareció mi adorado plantoide, sino la fotografía de un bosque.

—Si un parásito ataca a un árbol, el árbol puede dar la voz de alarma. Libera sustancias químicas a través de las raíces y estas sustancias llegan a las plantas vecinas a través de hifas, diminutos filamentos de origen fúngico. Los otros árboles se preparan para defenderse: un tamtam infalible. —Me detuve cuando apareció en la pantalla una intrincada red de raíces subterráneas—. Lo llaman la *wood wide web*.

Estaba emocionada. La comunicación de las plantas era lo más impresionante que había aprendido en todos mis años de estudio. Desde los calabacines, el descubrir que sí, que las plantas se comunican, y que lo hacen por medio de un densísimo intercambio de sustancias, había sido para mí un viaje de investigación fabuloso. ¡Y no había acabado!

—Y no termina aquí. La interacción de las raíces con las hifas de los hongos hace que las plantas puedan fijar más carbono, y con ello hacer frente al aumento de la temperatura. ¡Estudiar y proteger la *wood wide web* es un arma contra el cambio climático!

Un murmullo agitado invadió la sala.

—¿Las plantas no se mueven? Otra convicción errónea. Lo único que pasa es que lo hacen con demasiada lentitud para nuestra mirada. En realidad, se mueven continuamente y de un modo muy eficaz.

En la pantalla apareció el vídeo acelerado de una flor que abría su corola violeta por la mañana para luego cerrar los pétalos al anochecer, como si fueran persianas.

—Y una planta también tiene otra forma de moverse: crece.

Vi cómo los espectadores levantaban sus narices, maravillados ante la vista del modelo del plantoide.

—Por ese motivo, nuestro plantoide tiene, en los extremos de las raíces, muchas impresoras 3D en miniatura. Es una estructura capaz de avanzar por el terreno, intercambiar sustancias con el suelo y tomar decisiones en función de los estímulos que recibe. Exactamente igual que una planta. ¡Nos ayudará a entender mejor los secretos del mundo vegetal!

Por fin había conseguido explicar lo que estaba haciendo. O casi.

Una mano se levantó.

—¡Una planta es una planta! ¿Qué puede hacer una planta que no pueda hacer un ser humano o cualquier otro animal?

Esta vez estaba preparada. Me volví hacia el romero. Cogí las tijeras, corté una ramita y se la enseñé.

—Plántelo en su casa. Ya verá como agarra y forma una nueva planta con una salud perfecta. En cambio —afirmé mientras movía alegremente las tijeras—, ¿cómo se sentiría usted si le cortara un brazo y me lo llevara a casa?

El público aplaudió. ¡Lo había logrado!

Había conseguido convencer a todos aquellos científicos de que mi idea era buena, pero, para poder hacer el plantoide y ponerlo en funcionamiento, hacían falta fondos. Ya tenía muchos colaboradores, jóvenes investigadores muy prometedores que mostraban el mismo entusiasmo que tenía yo cuando conocí al profesor Dario. Y era responsable de su futuro. Todos esperaban con ansia el resultado de un concurso para una gran financiación europea. Si aprobaban nuestro proyecto del plantoide, por fin podríamos trabajar a pleno ritmo. Cuando llegó la fecha prevista de la publicación de los resultados, no paraba de comprobar el correo.

Una mañana, con la intención de distraerme, me dediqué a otras cosas. De todas formas, los resultados del concurso tendrían que llegar, antes o después. «Barbara, deja de mirar el ordenador y ponte a trabajar», me dije. Miré por última vez... ¡Y allí estaba! Asunto: «Programa Tecnologías Futuras y Emergentes». Abrí el correo enseguida: «Nos complace anunciarle que su proyecto Plantoid ha recibido una financiación...».

¡No me lo podía creer! ¿Estaba pasando de verdad? ¡Nuestro plantoide había ganado la financiación europea!

Aquel día, con la bata del laboratorio puesta, la habitación llena de papeles, plantas y brazos robóticos, y sin música, me puse a bailar.

BARBARA MAZZOLAI

Dice Barbara

«Es bonita la forma en la que el artista observa el mundo, también es un poco la forma en la que el investigador observa el mundo».

Números

Cuando el Homo sapiens apareció en la Tierra, hace unos 200 000 años, ¡las plantas ya existían desde al menos 500 millones de años antes!

Qué puedes hacer tú

¿Quieres ver a Barbara Mazzolai presentando su plantoide? La tienes aquí: https://www.ted.com/talks/barbara_mazzolai_the_age_of_plantoids

Y ahora…

- ¿Crees que las plantas no son un mundo aparte, separado del resto de la naturaleza? *Ve a la página 11.*

- ¿Crees que, si nadie ha intentado todavía hacer algo, no hay razón para intentarlo? *Ve a la página 103.*

CAITLIN O'CONNELL

Cuatro patas y una trompa: historia de un lenguaje secreto

Los elefantes son ceremoniosos, a veces demasiado. Desde pequeños practican para aprender a saludar de la debida forma a los miembros más importantes de la familia metiéndoles la trompa en la boca, algo así como cuando nosotros nos saludamos dándonos un apretón de manos o un beso. Se necesita tiempo para ello, y, sobre todo, para aprender a maniobrar bien una trompa, un largo colgante inervado por nada menos que cuarenta mil músculos que puede arrancar árboles, pero que también puede ser lo suficientemente delicado como para coger una fruta.

Esto y muchas cosas más las he aprendido observando a los grandes paquidermos.

Mi aventura con ellos comenzó hace treinta años.

—¡Quiero ir a África! Mi sueño es estudiar a los elefantes en su ambiente natural —le expliqué a Timothy Rodwell, al que todos llaman Tim, mi futuro marido.

—¿Cuándo nos vamos? —me preguntó sonriendo.

—Lo antes posible.

Organizamos rápidamente el viaje, nos despedimos de nuestros amigos y familiares de Estados Unidos y nos fuimos a África. Eso fue en 1992. A los dos nos apasionaban los animales y estábamos entusiasmados.

—Quiero quedarme un año por lo menos —le había avisado a Tim.

En realidad, nos quedamos mucho más tiempo, y, desde luego, no como turistas.

Nada más llegar nos ofrecimos como voluntarios para varios proyectos de investigación sobre los elefantes. África me fascinaba. Y también me dio mucha suerte, porque al llegar a Namibia, un maravilloso país enclavado en el extremo sur del continente, conocimos al director de un ambicioso proyecto de investigación en el Parque Nacional de Etosha.

—Necesito a alguien que estudie a los elefantes, cómo viven, cómo se comunican entre ellos...

No nos hizo muchas preguntas ni se preocupó por saber si éramos expertos en los grandes mamíferos.

—Tenemos un problema en esta zona —dijo señalando un punto del mapa, al noreste del país—. En Caprivi, los elefantes migran incluso cientos de kilómetros en busca de comida y agua. Por desgracia, las tierras disponibles se están reduciendo y no son bien recibidos por los agricultores.

Sabía que estos paquidermos necesitaban grandes espacios y enormes cantidades de comida para aplacar su inmenso apetito. Sus migraciones son muy útiles para el equilibrio natural. En los bosques densos, derriban árboles a su paso, creando espacio para que crezca la vegetación baja, que sirve para alimentar a los pequeños animales. También descubrí que son excelentes jardineros porque transportan semillas, como las de las acacias, que deben pasar primero por sus intestinos antes de ser depositadas en el suelo, ya os imagináis cómo...

Escuchaba al director del proyecto en silencio. No tenía ni idea de cómo Tim y yo íbamos a poder resolver el problema de los agricultores. En el fondo, no éramos más que dos jóvenes a los que nos encantaban las ciencias naturales. Hacía poco que me había licenciado en Biología y tenía una gran pasión por la ecología y la conservación. Siempre había querido estudiar los organismos vivos en su ambiente natural y la oferta de un contrato de tres años era demasiado buena como para dejarla pasar.

El director nos explicó que el conflicto con los agricultores se debía a que los elefantes se comían el maíz de sus cultivos, una verdadera delicia y, además, fácil de encontrar.

—¡En una noche son capaces de comerse toda la cosecha de la que se alimenta una familia entera durante un año! —nos dijo preocupado.

Aguanté una sonrisa. No era plan de reírse, el asunto era muy serio, pero, desde el punto de vista de los elefantes, debía de ser un lujo, como ir a atiborrarse de dulces a una pastelería en vez de tener que arrancar árboles para poder saciarse.

—El proyecto está financiado por el Ministerio de Medio Ambiente y Turismo de Namibia —nos dijo antes de irse.

Al principio, los agricultores no nos acogieron muy bien. Estaban recelosos. Seguramente, les parecíamos demasiado jóvenes (sobre todo, yo) e inexpertos como para poder ayudarlos.

«¿Qué quiere esta extranjera? ¿Cómo puede resolver nuestros problemas?», nos recriminaban en silencio.

—Estoy segura de que encontraremos una solución —les repetía yo con audacia, aunque no estaba tan segura de poder conseguirlo.

—Hemos intentado de todo —nos explicaban los dueños de los cultivos—. Nos hemos turnado para hacer guardia en los campos por la noche, a veces hemos disparado al aire para asustarlos y hemos encendido fuegos para mantenerlos lejos. Pero no hay nada que hacer. Se alejan, pero luego vuelven.

Asentí pensativa. Teníamos que encontrar rápido una solución, aunque fuera temporal, porque no quería que le alcanzara una bala a alguno de ellos, como ya había ocurrido.

Tim y yo nos pasábamos mucho tiempo hablando de cómo resolver la cuestión.

—Podríamos poner vallas electrificadas alrededor de los cultivos. Si notan la descarga, se mantendrán alejados.

No me gustaba la idea.

—Así podemos ganar tiempo mientras estudiamos el comportamiento de los elefantes, y ya se nos ocurrirá después algo mejor —insistía Tim.

—Puede que sea el mal menor —admití tras asegurarme de que esas vallas electrificadas no serían peligrosas para los elefantes, aunque sí lo suficientemente fastidiosas como para alejarlos.

Se nos ocurrieron miles de ideas, pero ninguna parecía funcionar, hasta que por fin me di cuenta de que había encontrado la solución.

—Tenemos que descubrir qué vocalizaciones usan los elefantes para alertar de un peligro. Si las reproducimos, estoy segura de que se mantendrán alejados de los cultivos.

—Ya, pero ¿cuáles serán capaces de alejarlos? —me preguntó Tim escéptico.

Ahí estaba el verdadero problema. Sus barritos eran muchos y muy distintos: algunos lanzaban una especie de berrido, mientras que otros emitían un sonido ronco, y también estaban los que, de pronto, subían el tono con agudos desesperados. Decidí grabar todos los reclamos y reproducirlos para descubrir cuál de ellos indicaba un peligro: «¡Cuidado, veo un león!», por ejemplo.

Así comenzó la aventura. E incluso logré ganarme a los agricultores. Me llamaban «la madre de todos los elefantes», intuyendo la pasión con la que estudiaba y luchaba por su conservación.

Desde unos búnkeres o subidos a unos armazones que escondíamos con telas que nos hacían invisibles a los ojos de los animales, empecé a observar a los grandes paquidermos que tanto me fascinaban. Construíamos unas estructuras muy altas para estudiarlos mejor, pero también para colocar en alto las tiendas y dormir seguros, evitando la indeseada visita de algún depredador.

Nos pasábamos todo el día avistándolos y grabando los barritos. Durante la estación seca, cuando en los campos no quedaba maíz, volvíamos al Parque Nacional de Etosha, donde podíamos dedicarnos por completo al estudio de los elefantes sin preocuparnos por las cosechas de los agricultores.

Recuerdo perfectamente el momento en el que hice el descubrimiento más emocionante de mi vida.

Estaba metida en un búnker de cemento de apenas unos metros cuadrados en Mushara, uno de los lugares del parque al que suelen ir los elefantes a beber, observando con los prismáticos a una familia de paquidermos que se acercaba. Los guiaba la matriarca, la hembra más vieja y sabia del grupo. Caminaban lentamente hasta que de pronto se detuvieron. La elefanta se había quedado inmóvil. Después desplazó imperceptiblemente el peso del cuerpo sobre las patas anteriores mientras sondaba el terreno con la trompa. De vez en cuando, levantaba ligeramente una pata. Parecía estar muy concentrada en captar las señales. Cuando escrutaba el horizonte, los demás elefantes la imitaban mirando en la misma dirección y luego se volvían a quedar quietos, inmóviles como estatuas de tierra en la árida sabana namibia. Sin embargo, yo no veía nada en el horizonte, nada que los pudiera alarmar, ni oía ningún ruido.

En aquel momento tuve una iluminación o, mejor dicho, recordé una cosa: me acordé de cuando estaba en la universidad, en Estados Unidos, inmersa en mis estudios sobre los insectos, e incluso antes, cuando jugaba de pequeña. Para mí, observar a los insectos, escorpiones y cualquier otro animal pequeño era de lo más natural, y me pasaba horas y horas haciéndolo. Había crecido en Nueva Jersey, en una zona llena de charcas y bosques. Las ranas eran mis preferidas.

—¡Qué asco! Las coges con la mano, con lo babosas que están —me decían mis amigas.

Me gustaba atraparlas para soltarlas después y ver cómo se escurrían a toda velocidad para tirarse a la charca. También me había dado cuenta de que notaban las vibraciones de mis pasos cuando intentaba acercarme.

Mis padres me transmitieron el amor por la naturaleza y los animales. Cuando les dije que quería adoptar una cabra con sus crías, les encantó la idea.

En eso estaba pensando mientras observaba a aquellos elefantes africanos. Estaba deseando salir del búnker para contarle a Tim lo que había descubierto.

—Se comportan igual que los insectos que estudié en la facultad: para captar las señales, presionan las patas contra el suelo y se quedan quietos, y otros se comunican de una hoja a otra, solo a través de vibraciones —le expliqué entusiasmada.

Fue el comienzo de una larga investigación que me llevó a descubrir que los elefantes también son capaces de escuchar señales de muy baja frecuencia, sonidos que nuestro oído no es capaz de percibir y que se transmiten a través del suelo, como las ondas sísmicas.

—¡Se comunican con los pies! —le expliqué contentísima—. Además de las orejas y la trompa, también usan los pies para captar los barritos que se envían, incluso a kilómetros de distancia. Las ondas sonoras que provocan con sus llamadas se propagan por el aire, pero también por el suelo, y recorren la sabana como un pequeño terremoto.

Estaba fascinada. No solo era una prueba concluyente de que los elefantes son animales sociales que se envían todo tipo de mensajes, desde los de socorro hasta los de saludo, sino que mi descubrimiento podría ayudar a las personas que padecen ciertas formas de sordera mediante la creación de audífonos especiales basados en vibraciones táctiles.

Muchas personas se extrañaron.

—¿Me está diciendo que los elefantes oyen con los pies? —me preguntó un día un señor, con un tono muy serio, como enfadado, durante una conferencia.

Me hacía gracia su estupor.

—La sísmica es una forma distinta de comunicación, a veces mucho más eficaz porque en la sabana africana, cuando el viento sopla sobre decenas de kilómetros y el calor es insoportable, los barritos de los elefantes se pierden en el aire con mucha más rapidez —expliqué con tono científico—. En cambio, la comunicación a través de la tierra no tiene obstáculos y llega a kilómetros de distancia.

Le recordé al escéptico señor que asistía a mi conferencia que los elefantes también tienen muy buena memoria. Se acuerdan, por ejemplo, de dónde pueden encontrar las mejores charcas. Por eso, cuando las ondas sonoras transmiten el rumor de la lluvia, ellos se dirigen rápidamente adonde saben que encontrarán agua, aunque para ello tengan que recorrer varios kilómetros. Igual que también son capaces de distinguir las llamadas de un familiar de las de un desconocido. En fin, sin lugar a dudas, lo de tener «memoria de elefante» no era solo una forma de hablar, sino que tenía un verdadero fundamento.

Nunca dejaba de estudiar a los grandes mamíferos y hablarle de ellos al mundo.

Después de los años que pasé en Namibia, he visitado muchísimos países para estudiar a los elefantes, he realizado experimentos sobre su capacidad para captar señales de baja frecuencia incluso en los zoológicos de Estados Unidos, he hecho miles de fotos y varios documentales, he escrito muchos libros y he dado docenas de conferencias en las que he relatado mis observaciones y las nuevas investigaciones que había emprendido por encargo de la Universidad de Stanford (California).

También me he sentido muy orgullosa de haber sido capaz de identificar cuáles eran las llamadas de advertencia o de peligro y de reproducirlas para alejar a los elefantes de los maizales, es decir, de su pastelería.

Toda esta información sobre la vida de los elefantes también me ha servido para aconsejar a mis amigas, madres de adolescentes con problemas, cuando volví a mi casa de San Diego, en Estados Unidos.

—¡Haced como las elefantas! —les decía riendo—. Se necesita tiempo antes de que un elefante bebé conquiste su autonomía, pero, cuando es un jovencito y empieza a molestar al grupo con sus correrías, la madre lo aleja.

La sugerencia les resultaba preocupante sobre todo a los hijos de mis amigas.

—¿Y adónde van los pobres elefantes? —me preguntaban.

—Encuentran a otros machos con los que vivir, y es mejor si los guía un jefe que los meta en vereda. Los grupos de machos sin una jerarquía clara se extravían, se meten en problemas, se vuelven agresivos. Para vivir pacíficamente, necesitan un líder sabio y respetado.

Ante la noticia del líder sabio, los adolescentes solían mover la cabeza con una sonrisa, pensando que me estaba burlando de ellos. En cambio, eso era exactamente lo que pasaba.

—Pero no se aburren: a menudo tienen peleas, como los torneos de lucha —añadía para consolarlos.

—¿Y a qué edad los echan? —me preguntaban los chicos en tono desafiante, seguros de que no tenían nada en común con los elefantes.

—Con trece o catorce años, quince como mucho —les respondía con indiferencia; y, con cierta astucia, añadía—: los echan a vuestra edad, aunque muchos preferirían no tener que irse.

Me hacía gracia ver cómo se sorprendían avergonzados.

—¡No se quedarán las hembras solas! —se atrevía a decir alguno. La idea les parecía poco probable.

—Sí, con las crías... y los primos pequeños, los hermanos, las hermanas... Las elefantas se las arreglan muy bien sin los machos.

—¿Y no se encuentran nunca?

—Sí, claro, se encuentran cuando van a beber y, evidentemente, cuando se enamoran —les explicaba para animarlos.

Aprendí muchas otras cosas sobre los elefantes en mis largos días de observación. Por ejemplo, que hay una fuerte jerarquía en los grupos. La matriarca es la que toma todas las decisiones: elige cuándo y dónde ir a beber y cuándo es el momento de

marcharse. Los demás la siguen. También descubrí que los que más cuentan ocupan las mejores posiciones en las charcas. Recuerdo a una joven elefanta, a la que había llamado Paula, con su hijo Bruce: ocupaba una posición baja en la jerarquía del grupo. Cuando llegó la sequía, con un calor insoportable, había poca agua disponible, por lo que a Paula y a Bruce solían expulsarlos de los abrevaderos. La pobre elefanta tenía que refrescar a su cría con la poca agua que podía conseguir, mientras que las otras crías se divertían jugando, chapoteando y revolcándose en las charcas.

Pero no penséis que los elefantes son egoístas. También pueden ser muy cooperativos. He visto muchas veces a las abuelas o las hermanas ayudar a una madre a levantar a las crías que se habían caído en una charca y hacerse favores, como masticar la comida para luego dársela a los miembros más viejos del grupo. No obstante, como en todas las familias, tampoco faltan las rencillas y los pequeños abusones.

En fin, ya sabéis, los elefantes son mi pasión y mi trabajo. No me canso nunca de observarlos, aunque a ellos no les gusta que los miren. Por eso, en cuanto se daban cuenta, ¡me enseñaban el trasero!

Durante todos estos, años he luchado, junto con mi marido Tim, por su conservación y por proteger la tierra y la naturaleza que necesitan sin que surjan conflictos con los agricultores. Sobre todo, he luchado para evitar que los maten o los mutilen para quitarles los colmillos. El marfil es un material con un gran valor comercial, pero afortunadamente muchos países han prohibido este horrible comercio. Porque nada puede igualar el valor de la vida y la supervivencia de estos amigos nuestros tan inteligentes.

CAITLIN O'CONNELL

Dice Caitlin

«Las elefantas se suelen ocupar de sus hermanos pequeños cuando tienen problemas. Las he visto consolar a los hermanitos cuando se caen en el barro o les molestan los elefantes abusones».

Números

El comercio del marfil, a pesar de las numerosas leyes que lo prohíben, y la deforestación están poniendo en peligro la existencia de los elefantes. Se calcula que los cazadores furtivos matan cada año a unos 20000 elefantes africanos.

Qué puedes hacer tú

Entre los programas para defender a los elefantes, está el que promueven Caitlin O'Connell y su marido Tim Rodwell a través de su organización Utopia Scientific: http://utopiascientific.org/ Pero un buen comienzo para informarse sobre los elefantes y cómo ayudar a protegerlos también puede ser WWF España: https://www.wwf.es/

Y ahora…

- ¿Te ha gustado África? *Ve a la página 89.*

- Si quieres ver cómo, en cada hábitat, todo está conectado: animales, plantas, suelo y sustancias químicas, *ve a la página 11.*

EUNICE NEWTON FOOTE

Derechos y dióxido de carbono, aires de cambio

Sí, ya sé que vosotros lo estudiáis en el colegio desde Primaria. No hay libro de texto que no tenga un capítulo titulado «El efecto invernadero» o «La contaminación de los combustibles fósiles». Y no hay adolescente que no haya oído hablar del dióxido de carbono. Muchos de vosotros hasta lo llamáis por su nombre químico: CO_2. Y todos sabéis que actualmente la Tierra tiene un problema con el dióxido de carbono o CO_2. Me alegro mucho de que estéis informados sobre todo esto, por supuesto. Pero, en el fondo, también estoy un poco dolida.

El caso es que hay un físico irlandés de mi época, John Tyndall, que todo el mundo cita como el fundador de la ciencia del clima. Muy buen científico. Realizó sus experimentos en Europa, los publicó y todo eso. Y debo decir que sus resultados son aún más precisos que los míos. Pero, para ser exactos, no fue él quien descubrió los gases de efecto invernadero.

Fui yo.

Esta historia comienza en mi casa de Seneca Falls, en el estado de Nueva York, una calurosa mañana de julio de 1848. Se me estaba haciendo terriblemente tarde. Estaba indecisa, me debatía entre dos asuntos muy importantes: terminar mi

EUNICE NEWTON FOOTE

experimento o llegar a tiempo a un evento de importancia histórica. ¡Tenía que elegir! El carruaje estaba esperando delante de la casa y, sin duda, mi marido Elisha ya se había subido. Me lo podía imaginar: tamborileando en el reposabrazos, moviendo el pie derecho rítmicamente en el aire, metiendo y sacando el reloj de bolsillo del chaleco con una impaciencia cargada de expectación. También era un día importante para él.

Esta idea me llenó de orgullo, y con ella recordé mis prioridades. La reacción no se había completado aún, tenía la mesa llena de tubos de ensayo y alambiques y el diario de laboratorio yacía abierto sobre un taburete. Paciencia. Tenía que irme. Volvería a empezar desde el principio cuando regresara. «¿Queda algo tóxico por ahí?», me pregunté pensando en Mary y Augusta, que se quedaban en casa con la niñera y podrían tropezar con alguna sustancia que estuviera fuera de su sitio. ¡Un laboratorio desordenado no es el mejor lugar para unas niñas de cuatro y seis años! Cerré herméticamente todos los tubos de ensayo con un corcho y los dejé en una mesa, debajo de la ventana. Me quité el delantal a toda prisa, me puse mi sombrero favorito y salí corriendo para subir al carruaje.

«CONVENCIÓN SOBRE LOS DERECHOS DE LAS MUJERES. Una convención para discutir las condiciones legales y los derechos sociales, civiles y religiosos de las mujeres», había publicado el *Seneca County Courier* unos días antes. Enseguida corrí a enseñárselo a Elisha. Estaba emocionadísima. Un simposio sobre los derechos de la mujer en nuestra ciudad, ¡en Seneca Falls! ¡Y duraba dos días! A él le entusiasmó tanto como a mí. Elisha era juez, aunque también le encantaban las matemáticas; era un hombre curioso y versátil, preocupado por los derechos civiles. Por fin, pensamos, un espacio adecuado para debatir el papel de la mujer en la sociedad. En realidad, en el periódico decía que no se admitirían hombres el primer día del convenio. Elisha se quedó perplejo.

—¡Que sea hombre no significa que no me interesen los derechos de la mujer! —protestó—. Te acompañaré hasta la puerta y ya veremos.

Así pues, aquella mañana salimos de casa juntos. Poco antes de las diez había una gran multitud delante de la capilla metodista en la que tendría lugar la reunión. Casi todas eran mujeres, algunas con niños, pero también había unos cuarenta hombres: debían de pensar como Elisha. Un grupo más pequeño conversaba animadamente señalando a los hombres. Lancé una mirada a mi marido mientras esperábamos.

—Podéis asistir todos —anunciaron por fin—, pero durante todo el día de hoy los hombres no podrán intervenir en el debate. Mañana, sí.

Parecía una buena solución, de modo que Elisha y yo entramos juntos en la capilla con curiosidad y expectación.

Tras diez minutos de saludos, barullo y ruido de sillas, una mujer rubia de unos treinta años se dirigió al centro de la sala.

—¡Es Elizabeth Stanton! —le susurré a Elisha al reconocerla por una foto que había visto en el periódico—. ¡La que ha organizado la reunión!

—Nos hemos reunido aquí —comenzó Elizabeth, y el vocerío que hasta aquel momento había serpenteado entre los bancos se convirtió en un murmullo— ¡para protestar contra una forma de gobierno que existe sin el consenso de las personas a las que gobierna! —En ese momento, hasta el murmullo cesó—. Para declarar nuestro derecho a ser libres igual que el hombre es libre, a ser representadas en un sistema que mantenemos con nuestros impuestos para luego encontrarnos con leyes tan ingratas como para permitir que el hombre pueda castigar o encerrar a su mujer y adueñarse del dinero que gana, de las propiedades que hereda y, en caso de separación, de los hijos que ama.

Cuando terminó, gran parte del público asintió con convicción, abanicándose por el tremendo calor. Aquellas palabras me sobrecogieron. Eran verdades que conocía, pero ¡cuánto impresionaban dichas así, tan claramente, en voz alta! ¡Qué injusto parecía aquel mundo al que estábamos tan acostumbrados! No era mi caso, porque a Elisha ni se le pasaba por la cabeza tratar de imponerse sobre mis decisiones, pero, en teoría, si alguna vez hubiera querido, habría podido hacerlo.

Otra relatora ocupó su lugar. «Gracias, Elizabeth», dijo sentándose entre el público. Era Lucretia Mott. Sabía cómo se llamaba porque llevaba años luchando por la abolición de la esclavitud. Su primer discurso fue breve, pero ¡cómo logró ganarse al público con sus palabras!

—Todos, hoy, tenemos que tomar partido —comenzó con un tono que transmitía una irresistible urgencia—. No permitáis que os frene algún retazo de vuestra educación o la idea de vuestro papel como esposas o madres. Ahora vamos a leer un documento —anunció mientras Elizabeth Stanton colocaba unos papeles en el atril y se preparaba para desvelar su contenido—,

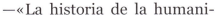

y entre hoy y mañana lo discutiremos a fondo, con las aportaciones de todos.

Aquel documento, preparado por Lucretia, Elizabeth y otras compañeras comprometidas con la defensa de los derechos de la mujer, pasaría a la historia como la Declaración de Seneca Falls *(Declaration of Sentiments)*.

—«La historia de la humanidad es una historia de las repetidas injusticias y usurpaciones perpetradas por el hombre contra la mujer con el objetivo de establecer una tiranía absoluta sobre ella» —comenzó a leer Elizabeth.

Seguía una enumeración de los agravios cometidos por el género masculino desde la noche de los tiempos: las mujeres debían obediencia al padre o al marido, estaban excluidas de cualquier decisión política y privadas de derechos fundamentales, como disponer de sus ahorros de forma independiente. Cuanto más leía Elizabeth, más inaceptable me parecía el *statu quo*. Veía como Elisha asentía a mi lado. Tenía la suerte de tener un marido al que le parecía inconcebible restringir mis libertades para sentirse él más libre. Pero el mundo que nos rodeaba funcionaba realmente así: ¡cuántas cosas seguían vetadas a las mujeres! ¡Cuántas actividades, profesiones, estudios, decisiones! Pensé en las amigas que me miraban con envidia cuando les hablaba de mis experimentos: «Pero ¿Elisha no te dice nada? ¿Le parece bien que, en lugar de ocuparte de la casa y las niñas, te dediques a juguetear con tubos de ensayo?».

Algunas se escandalizaban aún más de lo que lo habrían hecho sus maridos.

La mañana pasó volando. Hacía tanto calor que Elisha y yo decidimos irnos a casa a comer y descansar una hora antes de volver a unirnos a la multitud. En casa me esperaba la chispa que cambiaría mi camino como científica.

Almorzamos rápidamente.

—Voy a ver cómo está el laboratorio, esta mañana salí a toda prisa —le dije a Elisha después del café.

—¿Puedo ir contigo? —me preguntó Mary mientras Augusta le lanzaba migas de pan a una paloma en el jardín.

Entré en la habitación que utilizaba como laboratorio para guardar los instrumentos que había abandonado tan apresuradamente aquella mañana. Primero recogí dos de los tubos de ensayo que había dejado sobre la mesa. En cuanto los tuve entre los dedos, noté algo extraño. Con la mano izquierda estaba tocando algo fresco: recuerdo claramente la agradable sensación de tocar un cristal frío en aquel día abrasador. En cambio, en la mano derecha tenía un objeto tibio.

Me cambié los tubos de mano. ¿Serían mis manos las que tenían diferentes temperaturas? No. Ahora tenía el tubo de ensayo frío en la mano derecha y el caliente en la izquierda. Examiné inmediatamente la tabla en la que los dos recipientes habían pasado las últimas horas. Era una mesa que estaba debajo de la ventana, bañada por la luz del sol. Toqué los otros tubos de ensayo: estaban fríos. Todos excepto uno, el que todavía tenía en la mano.

¿Qué estaba pasando?

Enseguida perdí el interés por el experimento de la mañana. Aquello era mucho más intrigante.

EUNICE NEWTON FOOTE

—¿Será que la temperatura de los tubos depende de su contenido? —reflexioné en voz alta.

—Pero, mamá, ¡están todos vacíos!

—No están vacíos, Mary —me reí—. Es solo que contienen algo que no se ve.

—¡El aire! —exclamó contenta por su intuición.

—Bueno, no todos. Este no —dije y le enseñé el tubo de ensayo que seguía caliente.

¿Adivináis qué había dentro de este? Exacto, dióxido de carbono. El famoso CO_2.

—¡Eunice! ¡Que Lucretia Mott no nos va a esperar a nosotros para empezar!

Elisha me estaba metiendo prisa desde la puerta. Me quité el delantal, me puse apresuradamente el sombrero y me fui. En la carroza intenté explicarle la extrañeza que acababa de notar.

—Los tubos de ensayo son idénticos y estaban todos en la misma mesa. Sin embargo, uno estaba mucho más caliente que los otros. Creo que contenía dióxido de carbono.

Elisha frunció el ceño.

—¿Es posible que los distintos gases respondan de forma diferente al calor del sol? ¿Que unos se calienten más que otros?

Pero no era el momento de hablar de eso: la historia nos estaba esperando.

¡Qué días aquellos! Puede que ahora vosotros os imaginéis a un grupito de señoras ataviadas con vestidos dieciochescos que se dedicaban a tomar el té y a quejarse de sus maridos. Pero no.

—¡Lizzy, así nos dejarías en ridículo! —exclamó Lucretia Mott el segundo día.

Lizzy era Elizabeth Stanton. Y fue precisamente ella la que armó un escándalo al sugerir que añadiéramos esta frase a nuestro documento, era solo una línea, pero tan potente como una bomba.

—Es el deber de las mujeres de este país asegurarse el derecho al voto.

¡Santo cielo! En aquel momento, proponer que las mujeres votaran parecía una provocación. Muchos, de acuerdo con Lucretia Mott, se levantaron para protestar.

—¡Si pedimos el voto, no se tomarán en serio ni siquiera nuestras demandas más razonables!

Hasta que se levantó un hombre alto de piel oscura.

—Si no defendiera el voto femenino —pronunció claramente—, ¿cómo podría aceptar ese derecho yo mismo?

El público guardó silencio. El que acababa de hablar era Frederick Douglass, el único de todos los hombres presentes que no podía dar por sentado ese derecho para sí mismo. En su caso, el obstáculo no era el género, sino el color de piel.

—Si las mujeres participaran en la política, el mundo sería un lugar mejor —concluyó.

68

Y la propuesta de reclamar el derecho al voto de las mujeres se aprobó.

Al final del segundo día, la Declaración de Seneca Falls tomó su forma definitiva, y muchos de los presentes la firmaron. Estoy muy orgullosa de que el tercer nombre sea el mío. Y, en la columna de firmas masculinas, también destaca el nombre de Elisha Foote.

Aquellos días gloriosos no me hicieron olvidar el enigma de las probetas. Por el contrario, el convenio, la declaración que habíamos firmado y todas aquellas discusiones me dieron una motivación aún más grande para seguir adelante con mi investigación, y en los meses que siguieron hice una gran cantidad de experimentos sobre lo que ahora llaman «gases de efecto invernadero». Mi investigación era tan buena como la de cualquier hombre y estaba ansiosa por demostrarlo.

Empecé con dos tubos de ensayo idénticos, de igual forma y tamaño. Puse un termómetro en cada uno de ellos y los cerré. Utilizando una bomba, hice que en uno de ellos el aire estuviera enrarecido. Los expuse al sol del mediodía, uno al lado del otro. Cuando unas horas más tarde volví para comprobarlos... ¡Sorpresa! ¡El termómetro del tubo al vacío señalaba casi veinte grados menos que el otro! Veinte grados de 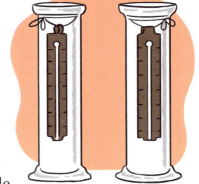 diferencia en dos contenedores expuestos a la misma fuente de calor. Era como si hubiera supervisado dos probetas en dos estaciones distintas. Sin embargo, era el mismo día, a la misma hora, bajo el mismo sol.

¿Por eso en una montaña nos parece que el calor calienta menos, porque el aire está enrarecido?

Repetí el experimento. Esta vez, uno de los dos tubos estaba saturado de vapor de agua, mientras que el otro había sido «secado» con hipoclorito de calcio. Poco después detecté unos doce grados más en el tubo húmedo: lo que esperaba.

Había llegado el momento de la prueba crucial. ¿Qué pasaría si ponía dióxido de carbono en uno de los dos recipientes? La respuesta confirmó mi hipótesis: veinte grados de diferencia en comparación con el tubo con aire. La probeta llena de CO_2 estaba mucho más caliente. No se trataba de un mero experimento teórico, ya que hubo una época en la que la atmósfera de la Tierra era mucho más rica en dióxido de carbono. Entonces, ¿esto significaba que nuestro planeta había sido mucho más cálido? Evidentemente, sí.

Lo que en aquel momento no sabía era que mis estudios no solo eran útiles para comprender el pasado lejano de la Tierra, sino también para entender su futuro inmediato. En mi época, todavía no habíamos contaminado tanto; no habíamos vertido a la atmósfera grandes cantidades de gases de efecto invernadero, como el dióxido de carbono. Desde entonces, las cosas han empeorado muchísimo: deberíais preocuparos por limitar las emisiones de CO_2 inmediatamente o el calor alterará de modo irremediable el equilibrio de todo el planeta.

Pasé días enteros midiendo la temperatura de probetas que contenían diferentes gases en distintas proporciones, tratando de identificar las leyes a las que obedecía este curioso fenómeno. Y sí, es cierto, hoy en día se considera que el padre de la ciencia del clima es John Tyndall, pero yo también desempeñé mi papel, y todas estas investigaciones me dieron cierta satisfacción.

23 de agosto de 1856

—La ciencia no tiene ni país ni sexo —dijo en voz alta el eminente físico Joseph Henry en la Conferencia de la Asociación Americana para el Avance de la Ciencia.

Esa fue su forma de reconocer el valor de mi trabajo. Porque a él le correspondió leer, ante aquella notable audiencia de estudiosos, toda mi investigación.

Habían pasado ocho años desde el convenio de Seneca Falls. En aquel momento, que la investigación de una mujer científica se ilustrara en una conferencia tan importante era un gran éxito. Y el que leía mis artículos era uno de los científicos más influyentes de la época, ¡todo un logro! John Tyndall, mi rival irlandés, publicaría sus hallazgos solo tres años después.

Pero yo no podía evitar preguntarme: si la ciencia no tiene género y, por tanto, nada impide a las mujeres investigar, ¿por qué está ese hombre tan tieso en la tarima presentando un trabajo que he hecho yo?

—Los experimentos se han realizado con una bomba de aire y dos probetas de igual tamaño... —leía.

Pero yo no lo escuchaba porque en mi mente se repetía una y otra vez la misma pregunta: «¿Por qué mis descubrimientos los lee otra persona? ¿Por qué?».

Y la respuesta tomó la forma de un recuerdo.

Ocho años antes, estaba preparando el primero de muchos experimentos cuando oí a Elisha soltar una carcajada. Hacía solo dos días que había terminado el convenio de Seneca Falls.

—¡Eunice, tienes que escuchar esto! —me gritó desde el salón mientras continuaba riéndose.

Me lo encontré sentado en un sillón, con un periódico en la mano, sujetándose la barriga de tanto reír, aunque luego hizo un esfuerzo por recobrar la seriedad y se aclaró la garganta.

—«Este es el incidente más impactante y antinatural que ha ocurrido en la historia de las mujeres» —empezó a leer en tono pomposo.

Se suponía que era un artículo sobre el convenio al que habíamos asistido. Pero no pude evitar pensar: «¿Qué querrá decir con "incidente"? Y "antinatural", ¡encima!».

—«Si nuestras señoras se empeñan en votar y legislar —siguió leyendo Elisha sin poder contener la risa—, ¿qué pasará con nuestro hogar y...

Aquí Elisha tuvo que pararse para recuperar el aliento, con los ojos desorbitados, antes de poder terminar:

—«... ¿y los agujeros de nuestros calcetines?».

EUNICE NEWTON FOOTE

Dice Eunice

«Si, como algunos suponen, durante un cierto periodo de la historia de la Tierra, el aire contenía dióxido de carbono en mayor medida que hoy, esto tenía que resultar necesariamente en una temperatura más alta».

Números

En la actualidad, la concentración de dióxido de carbono en la atmósfera es de unas 420 partes por millón (ppm). Cuando Eunice escribió su artículo era mucho mucho más bajo: basándonos en la perforación de núcleos de hielo, se estima que ¡en 1856 la concentración era de 286 ppm!

Qué puedes hacer tú

¿Cuánto dióxido de carbono producís tu familia y tú? Aquí puedes calcular tu huella ecológica y aprender a reducirla: https://offset.climateneutralnow.org/footprintcalc

Y ahora...

- Si quieres seguir estudiando los rayos del sol, *ve a la página 103.*

- Si a ti también te gusta mezclar muchos conocimientos, *ve a la página 35.*

MARIA KLENOVA

Los mapas marinos de la mujer de hielo

Estaba de viaje en un tren que se zarandeaba y traqueteaba. Recorría lentamente los caminos que van de Siberia a Moscú. Las ruedas de los vagones parecían martillear la tierra dura e inhóspita que me vio nacer y crecer. En esta tierra, todo requiere fuerza y determinación. Es una fuerza que llevo encima como una manta que me fuera dada al nacer, en un pálido día de agosto de 1898. Quizá sea por el lugar donde nací por lo que el frío no me asusta y los largos y oscuros inviernos me hacen compañía.

Eran tiempos difíciles. Moscú, San Petersburgo y toda Rusia sufrían los estragos de la guerra civil. El zar había sido depuesto. Los campesinos y los obreros se manifestaban, y los defensores del antiguo régimen, que odiaban a los líderes de la insurrección —entre ellos, estaba Lenin—, los combatían. El enfrentamiento era sangriento, la Revolución de Octubre, que había comenzado en febrero de 1917, aún no se había consumado del todo.

Pero yo lo había decidido: no quería esperar más. Quería ir a Moscú a terminar mis estudios. Fue una decisión repentina.

—Continuaré mis estudios universitarios en Moscú —le anuncié a mi familia.

—¿Cómo lo vas a hacer? Las noticias son trágicas. ¡La gente se muere de hambre!

—Aquí es aún peor.

Estaba decidida a volver a la gran ciudad. Sabía que la guerra, el hambre y las enfermedades habían diezmado a mi pueblo. La sequía de aquellos años había sido terrible. Pero no me asustaban las dificultades. Además, tenía una nueva pasión que cultivar: la mineralogía. Moscú era el lugar adecuado para continuar mis estudios. En realidad, para cambiarlos. Años antes había empezado a estudiar medicina, pero sin mucho entusiasmo. Ahora estaba decidida a abrazar una nueva rama del conocimiento en la que había excelentes profesores. Recuerdo con especial cariño a dos de ellos: Yakov Samoilov y Vladimir Vernadsky. El primero era un formidable estudioso de los minerales. A él le debo gran parte de lo que aprendí. Falleció poco después de que terminara mi doctorado y su muerte aún me duele. Echo de menos su rostro inteligente e inquisitivo y su guía segura en el laberinto de la investigación. El segundo profesor, Vladimir Vernadsky, era un verdadero mito para la ciencia rusa, una especie de Einstein. Recuerdo su tupida barba blanca, sus gafas redondas con una montura casi invisible. Era un excelente bioquímico y, además, conocía la mineralogía como pocos.

—Recuerde que lo que cuenta es la forma de pensar —me decía cada vez que hablábamos.

Quería que me ocupara de los problemas de la sociedad como científica. Para él, la ciencia era una forma de vivir y de ver el mundo.

—¡Catalogar los recursos de la Tierra es importantísimo! —me instaba—. No deje de preguntarse por las interconexiones existentes entre el estado de nuestro planeta y el modo en que las formas de vida se desarrollan en él.

Creía tanto en la importancia de esta relación que le dedicó toda su carrera. Me legó el deseo de explorar nuevos mundos, de descubrir los lugares más extremos en los que, a pesar de todo, se manifiesta la vida, y de cultivar la pasión por las grandes profundidades del océano, quizá el entorno más desconocido del planeta y, sin embargo, el más rico, fascinante y decisivo para nuestra vida.

Estudiar bajo la guía de estos dos profesores fue un privilegio, el único que pude disfrutar en aquellos años tan difíciles de hambre y frío. Pero lo logré. En 1924 dejé la Universidad de Moscú con un doctorado en Geología Marina en el bolsillo y la determinación de convertirme en una verdadera científica. Un año después, mi sueño empezaba a tomar forma. Hoy puedo decir que he sido la primera geóloga marina de Rusia o, al menos, la primera en dejar huella.

Llevábamos días navegando por las gélidas aguas del mar de Barents, ese segmento del océano Ártico, al norte de Noruega y Rusia, que está rodeado de grupos de islas. En este mar, cuyo entorno está ahora amenazado por el cambio climático, comenzó mi exploración científica. Quería estudiar las «plataformas marinas», descubrir lo que se esconde en las grandes profundidades de los mares, crear mapas de su fondo. Hoy en día hay instrumentos muy sofisticados, como robots que bajan a las profundidades de los océanos y nos envían datos; pero en aquella época, en 1925, cuando comenzó mi aventura, no era así. No era fácil estudiar las rocas marinas, los fenómenos que las modifican y las formas de la superficie terrestre cubierta por las aguas.

Estar a bordo del buque Perseus, en el que embarqué para mi misión científica, fue un privilegio. Era un hermoso barco del Instituto Oceanográfico Soviético, equipado para la investigación científica.

—Qué nombre tan extraño, Perseo —le dije al comandante en una de nuestras primeras conversaciones.

Me miró sorprendido.

—He visto que habéis puesto las siete estrellas de la constelación de Perseo en la bandera —me apresuré a añadir, casi disculpándome.

Señalé la bandera azul que ondeaba en un asta. La vi nada más subir a bordo y me transmitía alegría.

—Perseo es el héroe griego que mató a Medusa, una criatura monstruosa que petrificaba a cualquiera que se cruzara con su mirada. Nuestra misión también es un desafío continuo a los elementos naturales —respondió plácidamente el comandante al tiempo que apuntaba con sus prismáticos al horizonte.

Navegamos sobre una extensión de agua y hielo con enormes icebergs que se erguían para recordarnos el poder de la naturaleza. El mundo nunca me había parecido tan hermoso y misterioso como en aquella primera misión.

En las horas libres, el comandante y los demás miembros de la tripulación se esforzaban por entretenerme hablando de esto y de aquello. En el fondo, siempre pensé que lo hacían porque no se sentían a gusto por tener a una mujer a bordo. Sobre todo, por tener a una mujer científica a bordo. Mi presencia era una novedad absoluta en el mundo de las expediciones oceanográficas. Las mujeres no eran bien vistas. Pero había tenido un formidable aliado.

Un día me llamó a su despacho Ivan Mesyatsev, un espléndido estudioso que pronto se convertiría en el director del Instituto Oceanográfico Soviético.

—Maria, quiero que salga para una misión...

—¡Ahora mismo! —respondí sin esperar a que terminara la frase.

Él creía firmemente en la igualdad de género, incluso en la investigación científica. Se sentía un pionero y quería que yo también lo fuera.

Participé en muchas misiones durante aquellos años: ¡diez con el Perseus entre 1925 y 1935! Y en 1929 logré otro gran hito: fui la primera mujer del mundo en dirigir una expedición científica a bordo de un barco.

También era obstinada en mis objetivos de investigación.

—Quiero cartografiar el fondo del mar de Barents —les expliqué a mis colegas.

Había estudiado una nueva forma de registrar las diferentes profundidades del agua. Quería que las dorsales marinas, los montes submarinos, las fosas oceánicas y las llanuras abisales de ese trozo de mar ártico, rodeado de un gran número de islas, no guardaran más secretos. Era una tarea realmente difícil.

—Acuérdate de Willem Barents —me decían mis amigos científicos. Lo decían para tomarme el pelo y yo les seguía el juego.

—No, no acabaré como él; no os libraréis de mí.

—¡Pero eres tan terca como él! —me repetían—. Y, bueno, no terminó bien.

—Lo sé. Pero han pasado siglos desde entonces.

Barents fue un pertinaz holandés del siglo XVI, un gran explorador que buscaba un paso hacia el noreste. Intentó una y otra vez, en numerosas misiones, encontrar un camino hacia el Extremo Oriente navegando por el norte de Europa y de Asia. En su tercer intento, bloqueado por el hielo y tras un invierno de penurias en una cabaña construida con los maderos del barco, murió durante el camino de vuelta.

Había estudiado todos los documentos posibles sobre sus viajes.

—Sí, es cierto, al final, en esos mares y en esas tierras, se dejó la vida. Pero también nos dio unos mapas maravillosos. ¡Por algo el mar de Barents lleva su nombre! Yo no tengo intención de arriesgar la vida, pero oiréis hablar de mi trabajo.

Lo decía con audacia, casi como una advertencia. Sabía que lo conseguiría. Y los hechos me dieron la razón. En 1933, el primer mapa completo del fondo marino del mar de Barents estaba listo.

También he pasado mucho tiempo escribiendo y ordenando todo lo que iba aprendiendo. Así, en 1948, tuve otra gran alegría: se publicó mi libro *Geología del mar,* un manual de geología marina. El segundo que se publicaba no solo en la Unión Soviética, sino en el mundo. Mi nombre empezaba a ser conocido en los círculos científicos. Pero todavía no había ganado mi batalla más importante.

—Les he escrito y vuelto a escribir, pero nada. No aceptan mi solicitud. ¿Y por qué? ¡Alguien tiene que explicármelo!

Aquella mañana entré hecha una furia en el despacho de Iván Dmítrievich Papanin, director del Departamento de Expediciones Marítimas de la Academia de Ciencias. Le tenía en gran estima, siempre me había apoyado en mis investigaciones. Esperaba que me ayudara.

—Póngase cómoda —dijo amablemente señalando la silla que había junto a su gran escritorio. Pero yo me quedé de pie. Estaba demasiado nerviosa—. He oído que han rechazado su solicitud para participar en la misión soviética a la Antártida.

—Cuento con todos los títulos necesarios para que me admitan, he hecho decenas de expediciones, tengo un montón de publicaciones y, sin embargo...

—Me temo que el problema no es su capacidad científica, sino el hecho de que sea mujer.

—¿Sabe usted por qué motivos han rechazado mi solicitud? Dicen que no tienen camarotes para mujeres. ¡Me importan un bledo los baños y los camarotes para mujeres! Donde va un hombre, puede ir una mujer.

—Sin duda... Aunque sospecho que no puedo ayudarla. Ya lo intenté, apoyé su candidatura, pero sin éxito.

Salí del despacho de Papanin aún más enfadada. No quería perder aquella oportunidad. Muy pronto, entre el 1 de julio de 1957 y el 31 de diciembre de 1958, tendrían lugar las grandes celebraciones del Año Geofísico Internacional. La misión de la Unión Soviética en la Antártida era uno de los acontecimientos más importantes para la preparación de aquel año tan crucial para la exploración. Participarían científicos de todo el mundo. La Unión Soviética llevaba tiempo preparándose para ese acontecimiento. Quería estar entre los primeros en estudiar la Antártida.

Si creían que me iba a rendir tan fácilmente, estaban muy equivocados. El hielo, las noches siberianas y la dureza de mi tierra me habían hecho tan fuerte como una roca, incluso en el ánimo.

MARIA KLENOVA

Me quedaba una última oportunidad y la iba a aprovechar al máximo. Iría a hablar con mi amigo Anastas Ivanovič Mikojan, que había hecho una gran carrera y se había convertido en uno de los políticos más influyentes de la Unión Soviética.

Le avisé de mi visita y el motivo por el que acudía a él. Cuando subí las amplias escaleras que llevaban a su despacho, ya conocía todos los detalles de mi historia. Se había informado.

—Entonces, Maria, no te quieren en la Antártida —me dijo a bocajarro.

Nos conocíamos desde hacía mucho tiempo, así que podía ser totalmente sincera con él.

—Sí, pero ¿me equivoco o la Unión Soviética está a favor de la plena igualdad entre hombres y mujeres? Aun así, ¡parece que esa igualdad se detiene ante la puerta de un baño o un camarote!

Se rio con ganas.

—Eso cree el jefe de la expedición antártica, Mijail Somov —añadí para puntualizar.

—Sí, he hablado con él. No es tu único oponente, pero, sin duda, es el más influyente.

—¿Y a ti también te ha contado la historia de los camarotes?

—Sí, me ha dicho que no hay camarotes para mujeres. Pero también añadió que los hombres estarían incómodos. Dice que no se sentirían libres para conversar o pasear por el barco medio desnudos.

—¡Pues que se vistan! —grité—. ¡Somov no entiende que sus vulgares argumentos contra las mujeres a bordo del barco no son solo un insulto para mí, sino también para él y sus camaradas!

—Lo entenderá —respondió lacónicamente Anastas Ivanovič Mikojan.

No sé cómo lo hizo, nunca se lo pregunté ni él tampoco me lo dijo, pero al cabo de unos días me llegó una comunicación: «Su solicitud para formar parte de la primera expedición de la Unión Soviética a la Antártida ha sido aceptada».

Estaba en el séptimo cielo. La salida se fijó para noviembre de 1955. Decenas de científicos y técnicos viajarían a bordo de los rompehielos Lena y Ob'.

La Unión Soviética quería abrir un gran centro de investigación en territorio antártico, la base Mirni. Fue una expedición larga y emocionante, en la que pude realizar numerosos estudios oceanográficos y cartografiar zonas de las que aún no existía documentación.

Durante el viaje de vuelta, en la isla de Macquarie, un verdadero paraíso terrenal a medio camino entre la Antártida y Nueva Zelanda, hasta me dejaron bajar a tierra para hacer un reconocimiento y tomar muestras para analizarlas. Os parecerá extraño, pero aquello fue otro récord, el enésimo impedimento del camino de las científicas que derribé. Ninguna mujer antes que yo había sido autorizada a desembarcar; nunca he entendido por qué. Incluso entonces tuve que luchar ante la lacónica respuesta que me dieron el comandante y otros miembros de la tripulación.

—Demasiado peligroso, es arriesgado bajar a tierra —me repetían como loros.

Pero yo seguía insistiendo.

—¡Perdonad, pero tampoco es que haya que ser un hombre musculoso! Yo también tengo piernas. Y sé adaptarme a todas las condiciones y situaciones —repetía con la misma testarudez. Tenía cierto carácter, lo reconozco, y no me dejaba intimidar por nadie.

Han pasado muchos años desde entonces, años de agua y hielo, porque nunca he dejado de hacer expediciones ni de seguir investigando. El océano Atlántico, la región antártica, el mar Caspio, el de Barents y el Blanco no tienen secretos para mí, los

MARIA KLENOVA

he explorado a fondo. Me he convertido en una voz respetada y nadie me ha vuelto a decir que tenía que quedarme apartada. Mi lugar estaba en el mundo de la ciencia.

Con el paso de los años, también aumentó el número de jóvenes científicas que participaban en expediciones oceanográficas. Su presencia me hacía feliz. Al fin y al cabo, me decía, mis luchas también les han servido a ellas.

Maria Klenova, la gran geóloga rusa, fue realmente una pionera, y hoy un cráter de Venus y otros tres lugares de nuestro planeta llevan su nombre: el valle oceánico de Klenova (al norte de Groenlandia), el monte submarino Klenova (en el océano Atlántico) y el pico Klenova (en la Antártida).

MARIA KLENOVA

Dice Maria

«Soy la madre de la geología marina».

Números

El 98% del territorio de la Antártida está cubierto por una capa de hielo de un espesor medio de 1600 metros. Es el continente más frío e inhóspito, pero tiene las mayores reservas de agua dulce del planeta. El Ártico es también una de las zonas más frías, pero, si el calentamiento global continúa al ritmo actual, en 2035 el Ártico podría quedarse sin hielo durante los meses de verano.

Qué puedes hacer tú

El Ártico es el hogar de los osos polares y las morsas, que actualmente se encuentran en peligro debido al aumento de las temperaturas, la explotación petrolera y la pesca industrial. Por ello, Greenpeace ha lanzado un llamamiento al que puedes unirte para exigir la creación de una zona protegida en el área deshabitada que rodea el Polo Norte: https://es.greenpeace. org/es/trabajamos-en/oceanos/artico/

Y ahora…

- Si quieres volver a la Antártida, *ve a la página 115.*
- Si quieres conocer a una pionera de los derechos de la mujer, *ve a la página 61.*

ANNE INNIS DAGG

De Canadá a Sudáfrica, una aventura de cuello largo

–¡No, no!

El motor se caló. Giré la llave y volví a arrancar. Mi fiel Camelo, el coche con el que ya había recorrido totalmente sola tantos kilómetros a través de Sudáfrica, emitió un ruido sordo, luego una especie de petardeo, como si tosiera, y al final se calló. Intenté arrancarlo de nuevo. Después de unos cuantos intentos, ya ni tosía: la llave giraba como si estuviera suelta. ¿Y ahora? Todavía quedaban diez kilómetros para llegar a Fleur de Lys. En el último tramo que había recorrido, el camino de tierra apenas era visible; ahora que los faros de Camelo estaban apagados, la oscuridad era tan espesa como la mermelada. ¡No debería haber seguido conduciendo después del anochecer!

«Pero ¿quién me manda meterme en todo esto? —pensé—. ¿Para qué habré dejado mi casa y mi familia en Canadá, con veinticuatro años, para acabar sola, de noche, en un Ford averiado, en mitad de una carretera oscura y periférica de Sudáfrica?». Esa pregunta me resonaba en la cabeza como una campana. En la oscuridad, agarré el volante con las manos y respiré profundamente mientras la respuesta tomaba forma poco a poco en mi cabeza.

Era una buena respuesta: elegante, flexible, solemne. Una respuesta de color crema y avellana, con unos andares elegantemente despreocupados. Una respuesta de cuello largo. Era como si estuviera viendo a mi primera jirafa, un recuerdo que se confundía con lo que me contaban mis padres, porque yo era pequeñísima cuando fuimos al zoológico de Chicago. Y luego, la segunda, de la que sí me acordaba, del zoo de Brookfield. La recordaba muy bien: la majestuosidad de aquel espléndido e inmenso animal, la forma principesca con la que inclinaba el largo cuello para beber, la fragilidad de cristal que parecía sostener aquel altísimo cuerpo. Tenía diecisiete años y aquella visita había sido crucial para que me decidiera por la biología en la Universidad de Toronto.

Una vez recuperada la motivación que me había llevado a Sudáfrica y a aquel camino tan negro como el fondo de un pozo, aún quedaba resolver el problema: ¿qué podía hacer, caminar en la oscuridad o quedarme en el coche a esperar a que amaneciera intentando dormir? Decidí quedarme allí. Pero ¿estaba a salvo? Oí un ruido seco... ¿Una rama rota? ¿Un leopardo? ¿Un depredador? Cerré los ojos. No podía desanimarme. Al fin y al cabo, ya había afrontado un viaje muy largo. Estaba a punto de llegar. Para calmarme, traté de recorrer mentalmente mi viaje hasta allí.

Era septiembre de 1956 cuando me embarqué en Montreal con destino a Londres; el viaje había comenzado en mayo. Pensándolo bien, hasta la travesía en sí había sido toda una apuesta. Recién licenciada en Zoología, tenía un claro deseo en mente: ir a estudiar las jirafas a su entorno natural, a África. Pero a todos, profesores incluidos, les parecía una idea absurda. Cada vez que conseguía ponerme en contacto con alguien, en Kenia o Uganda, que viviera en un lugar poblado de jirafas, recibía la misma respuesta: en aquella época nadie estaba dispuesto a acoger a una joven que tuviera el insensato objetivo de dedicarse a la investigación naturalista por su cuenta. Por eso cambié de estrategia.

Me enteré de que un tal Alexander Matthew vivía en una granja que estaba cerca del Parque Nacional Kruger, en Sudáfrica, en un territorio que albergaba un centenar de jirafas: ¡un sueño! Le escribí explicándole mi proyecto científico, pero esta vez firmé como «A. Innis». Me respondió enseguida, diciendo que estaba dispuesto a acogerme en la granja y a encargarse de que pudiera estudiar las jirafas de cerca. ¡Daba por hecho que era un hombre! Lo había conseguido. Me embarqué hacia Londres. Una vez allí, le escribí de nuevo, esta vez firmando con mi nombre completo, y volví a embarcarme con destino a Sudáfrica. Mi anfitrión no descubriría que era una mujer hasta que ya hubiera cruzado medio mundo de camino a su finca. Desde luego, no me echaría. Mi querido señor Matthew, ¡estás atrapado!

Y, sin embargo, aquí estoy, atrapada yo, no él, casi al final de mi larguísimo viaje. Las indignadas protestas del señor Matthew me llegaron cuando ya estaba en Grahamstown (Sudáfrica); pero ya era demasiado tarde —¡menos mal!—, y al final tuvo que aceptarme. Me compré un coche pequeño, lo llamé Camelo (de *Giraffa camelopardalis,* el nombre científico de la jirafa) y empecé a conducir hacia mi destino final. Este era mi cuarto día consecutivo al volante. Estaba agotada y aterrorizada.

«No sobreviviré aquí, en la oscuridad, hasta la mañana», pensé derrotada. De modo que decidí intentar llegar a pie hasta la finca del señor Matthew, y eché a andar. Ni siquiera llevaba una linterna. A cada paso que daba, avanzando a ciegas, me arriesgaba a molestar a algún animal salvaje; por ejemplo, a una mamba, una serpiente con veneno letal. Seguí caminando con una pequeña bolsa en la que había metido mi cartera y una muda de ropa.

Seguí adelante durante más de una hora. Cuando ya estaba demasiado lejos de Camelo como para poder volver atrás, completamente perdida y sin puntos de referencia, apareció en la distancia el brillo de los faros de un coche. Me detuve, estaba agotada.

—¡Señorita Innis! ¿Es usted? Vi el coche a un lado de la carretera y me preocupé.

El señor Matthew era un hombre corpulento con una sonrisa jovial. Corrí al encuentro de mi nuevo amigo y me subí al coche. Estaba feliz, y en un instante olvidé todas las horribles emociones de aquella noche.

Un, deux, trois... pliée... arabesque!

Mi pirueta terminó bruscamente con un ruido de follaje y pezuñas asustadas. Las tres jirafas que había estado observando durante las dos últimas horas, anotando cada uno de sus gestos a intervalos de cinco minutos, se habían dado cuenta de que me había bajado del coche —para estirar las piernas, me había puesto a hacer unos pasos de baile— y habían salido por patas. Tenía que resignarme: el trabajo de naturalista podía ser apasionante, ¡pero también mortalmente aburrido! Las jirafas eran capaces de quedarse quietas y masticar hojas del mismo árbol, arrancándolas con los dientes y sus largas lenguas negras, durante un tiempo que, para una joven y ansiosa científica, se hacía interminable. Pero con Camelo había tenido suerte: a los animales salvajes no les molestaba un coche parado. Mientras me quedara sentada dentro del coche, las jirafas se dejaban observar desde una distancia tan corta que hasta podía distinguir sus pestañas. A veces, durante esas interminables esperas, pensaba en Ian.

—Es contigo con quien quiero casarme —había declarado.

¡Eso sí que era una noticia! La última vez que nos habíamos visto, unos meses antes, me había anunciado su compromiso con una chica holandesa, echando por tierra todas mis esperanzas románticas. Ahora yo estaba encantada, desde luego, pero en dos semanas comenzaría mi viaje.

—Si no me voy ahora, puede que no vuelva a tener otra oportunidad en toda la vida para ir a estudiar a las jirafas —expliqué con entusiasmo—. ¿Me esperarás?

—Claro que sí —respondió tras una larga pausa.

Pero yo tenía mis dudas: ¿qué físico joven y guapo, con una gran pasión por el tenis y admirado por montones de chicas, esperaría durante meses a una novia lejana que solo pensaba en las jirafas? Pero yo ya había tomado una decisión.

La llegada a Fleur de Lys superó todas mis expectativas. El señor Matthew había sido muy amable y servicial desde el principio, pese a tener que aguantar las habladurías de todo el vecindario: en aquella época, la presencia de una joven extranjera en su casa era un verdadero escándalo. Pero él me había guiado por el vasto territorio de la finca, enseñándome cuáles eran las zonas favoritas de las jirafas. Me daba consejos y facilitaba mi trabajo en todo lo posible. Todas las noches escuchaba atentamente mi relato de la jornada: al menos diez horas de trabajo de campo, desde el amanecer hasta la puesta de sol. Al principio no veía a las jirafas porque se camuflaban perfectamente entre las ramas y las hojas; pero al cabo de unas semanas desarrollé un ojo infalible. Y no me limitaba a mirarlas: mi tarea consistía en aprender todo lo posible sobre su comportamiento. En los meses que había pasado preparándome, había podido comprobar por mí misma la espantosa pobreza de la literatura científica sobre mi animal favorito.

Por ejemplo, todo el mundo sabía que las jirafas eran herbívoras. Pero ¿qué comían exactamente? Empecé a marcar con cintas rojas los troncos de todos los árboles de los que se nutrían, para luego recoger muestras de hojas y elaborar una descripción precisa de su dieta. ¿Y por qué caminaban de una manera tan especial? Casi todos los cuadrúpedos avanzan alternando los dos lados del cuerpo: pata delantera derecha con pata trasera izquierda, y viceversa. En cambio, las jirafas, con sus larguísimas patas, se tropezarían si lo hicieran así. Por eso tienen una marcha muy especial, que hace avanzar primero un lado del cuerpo y luego el otro. ¿Y cómo es que no emiten sonidos?

Ah, eso es fácil: enseguida descubrí que no era cierto. ¡Cuántas veces las oí gruñir o resoplar! Sencillamente, era uno de los muchos aspectos de la vida de las jirafas que nadie había tratado hasta entonces.

Nunca olvidaré el espectáculo del combate. Desde mi refugio, en el asiento de Camelo, se oía el sonido de los terribles golpes que las jirafas se daban unas a otras en el cuello. Un día vi que uno de estos encuentros terminó en un apareamiento entre dos machos. No tenía ni idea de por qué, y durante mucho tiempo no me atreví a hablar de ello con nadie. Sin embargo, a la hora de escribir un informe científico, ¡no podía sacrificar la ciencia por mi puritanismo! Describí científicamente todo lo que había visto. A esa publicación mía le siguieron muchas otras de biólogos de todo el mundo que atestiguaban un comportamiento homosexual en muchas especies diferentes. Y cuando mi tía, tras leer mi tratado, dijo que estaba «consternada», tuve la certeza de que había hecho lo correcto al romper ese estúpido tabú.

Siempre que podía, intentaba ser útil para corresponder a la hospitalidad del señor Matthew. Por ejemplo, con mucho gusto llevaba en coche a sus numerosos compañeros de trabajo indígenas, que iban a pie, para que pudieran recorrer más rápidamente las grandes distancias de la finca. Sin embargo, la primera vez que me lo pidió, el señor Matthew me dejó atónita.

—Anne, haz que se sienten siempre en el asiento trasero: apestan.

¿Cómo era posible que alguien tan exquisito como el señor Matthew dijera algo así? Durante mi estancia en Fleur de Lys, tuve que enfrentarme muchas veces a la actitud racista de mi benefactor. Según él, los negros eran todos vagos y deshonestos, y no sabían hacer nada.

—Pero ¿cómo pueden ser limpios, cultos y laboriosos si ni siquiera tienen derecho a agua corriente ni educación?

El señor Matthew ponía los ojos en blanco y mis palabras caían en saco roto. La Sudáfrica de entonces era el país del *apartheid:* los blancos y los negros eran considerados dos castas distintas.

Vivían separados por voluntad de los blancos, que controlaban los recursos del país. Yo manifestaba mi desacuerdo llevando en coche a todos los nativos con los que me cruzaba, rogándoles, para su asombro, que se sentaran a mi lado.

Un día llegó a la granja una noticia que me horrorizó.

—Asustaba a los burros y corríamos el riesgo de que provocara accidentes de tráfico —le estaba explicando uno de los guardas de caza al señor Matthew cuando volví a casa—. Tuvimos que abatirla.

¡Habían disparado a una jirafa! Pero ¿por qué? Nunca había visto ningún burro por allí. En cuanto al tráfico, muy rara vez pasaba algún coche. Esperé con todas mis fuerzas que no fuera una de las jirafas que conocía tan bien. ¿Sería Star? ¿O Cream? ¿O tal vez Lumpy? No debía dejar que la aprensión me distrajera del estudio. Cuando el señor Matthew se puso en camino, me armé de valor:

—¿Puedo ir a medir los órganos?

La jirafa que habían matado era un magnífico ejemplar de macho adulto que no conocía. Yacía inerte a un lado de la carretera. Tenía que intentar conseguir información, incluso en unas circunstancias tan tristes. Doce hombres se pusieron a trabajar para diseccionar el cadáver y repartir la carne, que alimentaría a familias enteras. Intenté levantarle la cabeza, pero no pude: me sorprendió lo grande y pesada que era. Más tarde supe que el cráneo de los machos pesa unas tres veces más que el de las hembras, y su enorme estructura le confiere una fuerza formidable en las peleas. El corazón del desafortunado animal era tan ancho como todo mi brazo, desde el codo hasta la punta de los dedos, y pesaba doce kilos. La arteria aorta, cuya función es bombear la sangre desde el corazón hasta las vertiginosas alturas de la cabeza, era tan ancha como una moneda; y el intestino, cuando se desenrollaba en toda su longitud, medía más de setenta y cinco metros.

Mis días transcurrían entre largas sesiones de observaciones, anotaciones y recados. De vez en cuando grababa a las jirafas con la cámara en color del señor Matthew. A veces me llevaba con él cuando tenía que viajar por motivos de trabajo, y yo estaba encantada de visitar los alrededores. Los días en los que no ocurría nada fuera de lo normal, como una fiesta en el pueblo, la captura de una serpiente o la visita de un grupo de turistas, me hacían compañía las cartas de mi madre y, sobre todo, las de Ian.

Cuando lo pienso, me parece que las aventuras de aquel primer viaje a África podrían llenar una vida entera: subí al Kilimanjaro a pie, me bañé en un lago poblado de cocodrilos, participé en una expedición en busca de un león. Pero todo aquello duró apenas un año, y al final llegó el momento de volver a casa. Y sí, Ian me estaba esperando: se reunió conmigo en Londres, nos casamos allí y volvimos a Toronto. Solo tenía veinticuatro años y ya había cumplido dos grandes sueños. ¿Volvería alguna vez a África?

Pasaron muchos años. Tuve tres hijos y escribí muchos libros sobre jirafas, comportamiento animal y feminismo. Sin embargo, el mundo universitario me dio la espalda. A pesar de mis estudios pioneros en este campo, publicados en las principales revistas científicas del mundo, convertirse en una verdadera científica en aquellos días parecía imposible.

—¿Qué sentido tiene darle una cátedra a una mujer casada? —me dijo un día un académico—. ¡Ya tiene a su marido para mantenerla!

Luché mucho para hacer valer mi derecho a pertenecer a ese mundo, pero las decepciones fueron tales que tiré la toalla. Seguí estudiando y escribiendo por mi cuenta, hasta que un día, cincuenta y tres años después de mi viaje a Sudáfrica, recibí un correo electrónico.

Era una convocatoria como invitada de honor a una conferencia sobre jirafas: ¡descubrí que era una verdadera estrella en ese campo! Todos los que trabajaban con jirafas conocían mi nombre y habían leído todas mis publicaciones. Esto me sorprendió mucho, porque había estado completamente aislada de la comunidad científica durante décadas: fueron ellos los que vinieron a buscarme.

Para mí fue como volver a nacer. Conocí a decenas de investigadores que se habían formado precisamente con mis antiguas observaciones de campo. Me encantó poder relacionarme con tantos zoólogos y actualizar mis estudios, con lo que también descubrí algunos de mis errores de entonces; por ejemplo, sobre la estructura social de las jirafas: yo había imaginado familias pequeñas tipo Disney, mientras que, por lo visto, las jirafas preferían la compañía de los amigos. Eso es lo bonito de la ciencia: estamos constantemente corrigiendo y mejorando en una gran empresa colectiva.

Las sorpresas no habían terminado.

—Estamos a punto de salir para una misión científica en África —me dijo un día un zoólogo que participaba en un proyecto de conservación de la naturaleza—. Visitaremos muchos lugares habitados por jirafas. ¿Te gustaría venir con nosotros?

Y así, sesenta años después, volví a Fleur de Lys. Tuve el inmenso privilegio de ver pasear, cerca de lo que había sido la granja del señor Matthew, a las jirafas descendientes de mis queridas Lumpy, Cream y Pom Pom. Muchas cosas han cambiado desde entonces. Algunas para mejor: el *apartheid* ya no existe. Pero mientras observaba a las jirafas desde la ventanilla de Camelo con unos prismáticos en 1956, no podía imaginar que muy pronto su existencia estaría en peligro. Al volver a Fleur de Lys, lo vi con mis propios ojos: los humanos han invadido su hábitat y, aunque la jirafa es una especie protegida, a menudo se la caza ilegalmente. Hoy en día, algunas subespecies están en peligro de extinción. No podemos permitirlo. Hay que actuar, ¡y lo haremos juntos!

ANNE INNIS DAGG

Dice Anne

«No es que sea una rebelde. Es que sé cuando quiero hacer algo, y lo hago. Es muy sencillo».

Números

En los últimos treinta años, la población mundial de jirafas ha disminuido un 40%. Resisten en estado salvaje unos 68000 ejemplares.

Qué puedes hacer tú

Si tienes entre siete y diecisiete años, puedes unirte al Junior Giraffe Club, una red internacional promovida por la fundación Anne Innis Dagg para difundir el conocimiento sobre las jirafas en todo el mundo y movilizarse en primera persona para su conservación: https://www.juniorgiraffeclub.org/

Y ahora...

- Si quieres leer la historia de otra científica que lo tuvo difícil para seguir su pasión solo porque era una mujer, *ve a la página 75*.

- Si quieres conocer a otra mujer que descubrió su *vocación jovencísima, ve a la página 129*.

MÁRIA TELKES

La casa de la reina del Sol

—¿Lugar de nacimiento?

—Budapest, Hungría.

—¿Fecha?

—12 de diciembre de 1900.

Siempre he pensado que haber nacido a principios de siglo me da suerte. Estuve a punto de decírselo al funcionario de inmigración que rellenaba los formularios, solo por bromear un poco, pero al verle la cara me di cuenta de que sería mejor no decir nada. No tenía una actitud muy amistosa. Sin embargo, a pesar de mis temores, aquel día todo salió bien.

Tras doce años de duro trabajo en Estados Unidos, me había convertido en ciudadana estadounidense. Fue un alivio y un logro. Me guardé el valioso documento en el bolso y volví a la Cleveland Clinic Foundation a toda prisa.

Mi jefe, George Crile, me esperaba impaciente.

—Mária, tenemos que terminar de redactar los resultados de nuestra investigación. Un último esfuerzo y ya está.

—¡Qué pesadilla de libro, todavía hay más revisiones que hacer! —me reí alegremente.

Fue un día feliz. No solo por la nueva ciudadanía, sino porque estábamos a punto de concluir un trabajo que había durado doce años. Todo empezó en cuanto me saqué el doctorado en Bioquímica y me fui a Cleveland (Estados Unidos), donde vivía mi tío. Aquello fue en 1925. Se suponía que solo iba a ser una visita, algo así como un paréntesis antes de volver a mi país; sin embargo, aquel viaje me cambió la vida. De hecho, poco después de llegar, recibí una oferta de trabajo de la Cleveland Clinic Foundation condensada en unas pocas líneas:

«¿Le interesaría participar en una investigación sobre la energía producida por los organismos vivos?».

«Puedo empezar inmediatamente», respondí en una carta igualmente telegráfica, sin pensármelo mucho. La palabra mágica de aquella oferta era «energía», un tema que me fascinaba desde que estaba en el instituto. Quería estudiar el cuerpo humano como gran productor de energía.

—¿Qué ocurre cuando una célula muere? ¿A dónde va su energía? —fue uno de los primeros temas de estudio que me asignaron en las largas discusiones con mi jefe.

—A lo mejor deberíamos descubrir también qué pasa con la energía si la célula no muere, pero enferma —dije intrigada por el desafío.

No me amedrentaba hacer preguntas, discutir, sugerir nuevos campos de investigación. Aunque era joven e inexperta, Clive me escuchaba con gran atención, creo que le gustaba mi entusiasmo por la investigación; un poco menos mi pronunciación inglesa con acento húngaro.

Experimenté muchas cosas nuevas con él. Algunas, incluso, las inventamos nosotros, como el dispositivo fotoeléctrico para registrar las ondas cerebrales. Nos pasamos horas analizando los rastros producidos por la actividad cerebral.

—¿Lo ves? —me decía Clive—. ¡El misterio de nuestro cerebro se manifiesta en forma de energía!

Por aquel entonces sabíamos muy poco de los entresijos de nuestro maravilloso centro de mando y aquellas ondas parecían hablarnos de una vida misteriosa que esperaba ser revelada.

Fue un desafío, pero no fue el desafío de mi vida. Muy pronto, mi pasión como científica me llevó por otros caminos, impulsada precisamente por la energía, pero por una energía particular. La energía solar.

Llevaba varios años en el Instituto Tecnológico de Massachusetts, el famosísimo MIT, una universidad mundialmente conocida por sus investigaciones. La Segunda Guerra Mundial acababa de terminar y el mundo se estaba recuperando del trauma, buscando nuevas fronteras también en la ciencia. Había un gran deseo de planificar, de albergar nuevas esperanzas.

Yo también me estaba recuperando de los años oscuros de la guerra. No había vuelto a Hungría, pero había sentido un gran dolor por la devastación infligida a toda Europa.

Un día llegué muy temprano al MIT. Estaba trabajando en un proyecto de «conversión en energía solar» en el que participaban muchas personas. Llamé a todo el mundo a la sala donde teníamos la reunión semanal de coordinación y donde se discutían las nuevas ideas. Algunas terminaban en la basura, pero nadie se molestaba. En eso consiste también la ciencia, en intentar, volver a intentar y, a veces, volver a empezar.

Puse sobre la mesa de reuniones una carpeta que decía: «Investigación para un nuevo sistema de calefacción solar».

—¿De qué va esto? ¿Nos preparamos para un viaje al Caribe en busca de sol? —dijo el tipo más divertido del grupo, que tenía el don de demoler todos los proyectos para luego volver a lanzarlos, muchas veces con ideas geniales.

—No, nada de viajes. Capturamos el sol desde aquí. Quiero construir una casa donde todo funcione con la energía del sol.

—Mária, yo te apoyo. Este año he vuelto a pagar demasiado por la calefacción. Malditas facturas.

—Bueno, el sol es gratis, pero capturarlo tiene un coste —dije entre risas antes de abordar la pregunta con seriedad.

—¡Tú eres la única que puede hacerlo! —Era la voz de Steve, el investigador más joven del grupo.

Steve me consideraba un genio porque, en los años de la guerra, su hermano no había muerto de sed gracias a uno de mis inventos. Llevaba días a la deriva y se le había acabado el suministro de agua dulce, pero pudo salvarse junto con el resto de la tripulación utilizando el destilador solar que había diseñado y que convertía el agua salada del mar en agua dulce. Todo gracias al sol y a un ingenioso sistema de esponjas empapadas en agua de mar metidas en una bolsa. El sol las calienta, el agua se evapora y el vapor cae al fondo de la bolsa en forma de agua sin sal. Hice mil intentos, pero al final lo conseguí. Estaba muy orgullosa de aquella bolsita con sus esponjas. Tras incluirla en los botiquines de emergencia, les había salvado la vida a muchos soldados.

—Gracias, Steve, por los ánimos. No va a ser fácil, pero quiero intentarlo.

—Háblanos sobre tu nueva casa —dijo otro.

—En la casa que imagino, todo funciona con energía solar captada por muchos paneles que tienen en su interior toneladas de un compuesto químico, una especie de sal que se derrite con el calor del sol. Cuando la temperatura baja, el compuesto químico vuelve a espesarse y libera el calor que había absorbido.

—*Et voilà,* ¡la energía! —exclamó Steve entusiasmado.

Los otros lo estaban un poco menos.

—No lo entiendo... ¿El calor llega cuando el sol se va o ya no es tan fuerte?

En los grupos de trabajo siempre hay quienes son escépticos por naturaleza. Pero aquella era una buena pregunta.

—Exacto. La energía solar, en este caso, se convierte en energía química.

—¿Y cuántas toneladas de esa sal necesitas para calentarnos un poco?

—Bueno, decenas. Para dieciocho paneles, al menos veintidós toneladas. Sí, lo admito, nunca se ha construido una casa así.

MÁRIA TELKES

Discutimos largo y tendido sobre los detalles técnicos, pero al final de la reunión los había convencido. Brindamos con zumo de naranja.

—¡A la reina del sol! —dijo el que hacía tantas bromas.

Desde aquel día, ese título jocoso me siguió como una sombra. Los periodistas que cubrían mis proyectos también lo usaron. Y a mí me gustaba. ¿Cómo no voy a estar orgullosa de ser la reina de nuestra estrella más bonita? Pero, sobre todo, estaba contenta de poder explorar mundos del futuro. Estaba convencida de que debíamos aprovechar lo que nos daba la naturaleza sin abusar de otros recursos. El Sol nos da sus rayos, su calor. ¿Por qué no aprovecharlos? ¿Por qué utilizar combustibles fósiles contaminantes en lugar de calentarnos con energía «limpia»?

Amelia Peabody

Eleanor Raymond

Pero, como suele ocurrir, las buenas ideas no son suficientes. ¿Quién financiaría la casa que se calentaría con el sol? Tenía que encontrar a alguien lo suficientemente rico, aventurero y visionario como para arriesgar su dinero. Después de todo, no estaba segura de que fuera a salir bien.

Parecía una empresa difícil, pero tuve mucha suerte. Creo que ya os lo he dicho: el haber nacido a principios de siglo siempre me ha dado buena suerte.

Fue el joven Steve el que me presentó a la persona adecuada. Un amigo de su familia conocía a una excéntrica y adinerada artista llamada Amelia Peabody que vivía en Boston y hacía esculturas de bastante éxito.

Cuando la conocí, fue muy concisa.

—Me gusta el proyecto, la idea es genial, pero depende de quién lo haga...

Inmediatamente me puse a la defensiva.

—El proyecto es mío, ¡lo haré yo! —respondí secamente. No estaba dispuesta a que me arrebataran la idea ni a dársela a otra persona bajo ningún concepto.

Pero ella se rio, lo que me puso aún más nerviosa.

—Una casa no solo necesita paneles solares para convertirse en un lugar para vivir. Quiero ver un diseño arquitectónico real.

Confieso que no había pensado en eso. Pero no me pareció que fuera un problema.

—Si es por eso, el mundo está lleno de arquitectos.

—¡No, cariño!

Ese «cariño» me irritó muchísimo, aunque ella fingió no darse cuenta.

En eso también era original. Le daba exactamente igual lo que pensaran los demás.

—Si queréis mi dinero, esa casa ha de ser única en todo, incluso en el diseño.

La miré más tranquila. Al fin y al cabo, tenía razón. Las dos queríamos una casa especial.

—Tengo en mente a la persona adecuada. Vuelva mañana. Le presentaré a la arquitecta Eleanor Raymond —dijo despidiéndose.

Al día siguiente fui a casa de Amelia Peabody con grandes esperanzas. La noche anterior había leído todo lo que pude encontrar sobre la arquitecta que iba a conocer. Me había parecido una mujer apasionante, una auténtica pionera en su profesión y en la vida. Había participado en el movimiento sufragista por el derecho al voto femenino e incluso en sus diseños arquitectónicos pensaba en cómo mejorar la vida de las mujeres. Sus bocetos de casas aireadas con espacios amplios y cocinas más pequeñas eran un mensaje claro. Parecían decirles a las mujeres: dejad de cocinar y poneos a hacer otra cosa, leed, estudiad, realizaos, luchad, salid de casa, id a trabajar. Ella construía lugares adecuados para esto.

Estaba segura de que era la persona adecuada para la casa solar. Y no me equivocaba.

—¡Un proyecto magnífico! —fue su saludo cuando me vio. Ya había pensado en cómo realizarlo—. El sol debe calentar una casa que imagino abierta a la naturaleza, con grandes ventanales. Si una construcción vive del sol, también debe ser una extensión de lo que hay fuera.

Qué mujer tan fascinante. Me impresionó su seguridad.

Hasta Amelia Peabody, frente a ella, parecía menos impetuosa.

—¿Y tenéis ya una ubicación en mente para la casa? —quiso saber Eleanor.

—El terreno no es problema. Tengo una propiedad en Dover, a quinientos kilómetros de Boston —respondió la escultora.

Así descubrí que Amelia tenía granjas donde cuidaba caballos y daba cobijo a muchos animales abandonados. Nuestra casa podría hacerse allí.

Formamos un trío formidable. Nos pusimos a trabajar inmediatamente y en poco tiempo se hizo realidad el sueño de una casa calentada exclusivamente con energía solar. No fue la primera casa que aprovechó este tipo de energía. El MIT ya tenía proyectos basados en la energía solar, pero el mío era completamente nuevo porque utilizaba sales de Glauber, un compuesto basado en el sulfato de sodio.

Trabajamos intensamente y, en 1948, todo estaba listo para la apertura de la Dover Sun House. Fue un gran acontecimiento y durante mucho tiempo la casa del sol fue un incesante bullicio de científicos y arquitectos. Todo el mundo quería verla.

Aunque todavía quedaba un problema por resolver.

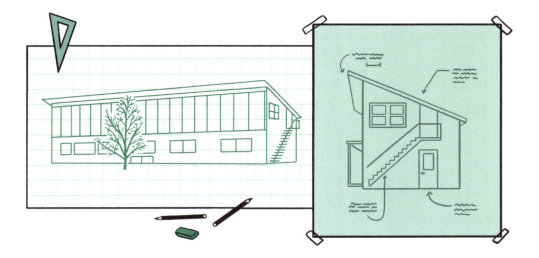

—¿Quién vivirá en la casa? —me preguntó Eleanor secamente el día después de la inauguración.

—Yo no puedo mudarme. Mi trabajo está en Boston —respondí apresuradamente, como si la distancia fuera una excusa.

—Tu ingenioso sistema de calefacción no servirá de mucho si nadie lo usa —respondió con brusquedad.

Conocía la aspereza del carácter de la brillante arquitecta y estaba acostumbrada. Aquella misma tarde llamé a mi primo, Anthony Nemethy. Sabía que estaba buscando casa.

—¿Te gustaría irte a vivir a la casa del sol? Estaríais muy bien allí. Es grande y cómoda y también hay mucho espacio en el exterior, seguro que a tu hijo le encantará jugar en el prado.

MÁRIA TELKES

No tuve que esforzarme mucho para convencerlo. Se alegró de la oportunidad y pronto se mudó allí con su mujer y su hijo. Yo estaba contenta porque podía ir a visitar la casa del sol tan a menudo como quisiera. La sentía como algo mío.

Todo fue muy bien durante los tres primeros años, hasta que algo empezó a torcerse y mi primo tuvo que volver a mudarse. Pero, para entonces, ya habíamos comprobado que el modelo de casa solar, tal y como lo había proyectado, funcionaba.

Toda mi vida he seguido haciendo proyectos e inventando cosas nuevas. Me levantaba por la mañana cargada de entusiasmo e ideas, algunas muy buenas, otras absolutamente irrealizables. Pero hasta esas servían para mantener la mente entrenada. Así es como me gané un lugar en el famoso National Inventors Hall of Fame, una especie de galería con los mayores inventores de la historia. ¡Qué honor! Y todo gracias al Sol y a mi trabajo sobre cómo aprovechar nuestra estrella. Algunos eran proyectos grandes y complicados; otros, pequeños pero útiles. A algunos les tomé más cariño que a otros. Por ejemplo, me encantaban mis hornos solares, rodeados de paneles que canalizaban el calor hacia el centro, perfectos para cocinar al aire libre. Me los imaginaba para quienes tienen poco dinero y pocas posibilidades de contar con tecnología cara. También imaginé que podrían ser útiles en los países en los que falta de todo menos sol.

Aquí, en Estados Unidos, dicen que todo tiene un precio, pero esos cálidos rayos no. Esos nos los da la naturaleza y yo lo único que hice fue agradecer el regalo y utilizarlo.

MÁRIA TELKES

Dice Mária
«Tarde o temprano se utilizará el sol como fuente de energía».

Números
En el siglo pasado se multiplicó por veinte la energía producida a partir de combustibles fósiles, que son muy contaminantes, como el carbón. Sin embargo, en los últimos años, el mayor aumento de la producción, en términos porcentuales, se ha producido en el ámbito de las energías renovables, es decir, aquellas que, como el sol o el viento, no se agotan con el «uso».

Qué puedes hacer tú
Con muchos pequeños gestos te puedes acostumbrar a ser un consumidor ecológico de energía. Apaga las luces cuando salgas de una habitación; no dejes los ordenadores y otros dispositivos enchufados a las tomas de corriente a menos que tengas que cargarlos; utiliza bombillas de bajo consumo; aconséjales a tus padres que, si es posible, utilicen la lavadora y el lavavajillas por la noche. Así tu «huella energética» en el mundo será más ligera.

Y ahora...

- Si quieres ver a otra inventora en acción, *ve a la página 129*.

- Si quieres saber cómo es la casa de un enjambre de abejas, *ve a la página 23*.

SUSAN SOLOMON

Nunca es demasiado tarde para tapar un agujero

Sede de las Naciones Unidas, Nueva York, 23 de septiembre de 2007

La verdad es que a veces…, ¡a veces pienso que no lo vamos a conseguir!

—Bueno, no tienes que sentirte mal por eso, es normal tener dudas y temores cuando se trata de salvar a la humanidad.

Le sonreí para animarla. Sophia parecía no poder soportar la tensión. Al día siguiente presentaríamos públicamente la versión final del Cuarto Informe de Evaluación sobre el Cambio Climático: un trabajo que había durado años y que se había vuelto febril y agotador en los últimos meses. Reuniones interminables, discusiones acaloradas, una avalancha de datos que estudiar e interpretar, decenas de voces que ponerse de acuerdo. El informe del IPCC, el Grupo Intergubernamental de Expertos sobre el Cambio Climático, es un referente científico a escala mundial. Su objetivo es monitorear el estado de salud del clima e informar al resto del mundo: una responsabilidad enorme. Cada número, cada razonamiento y cada gráfico tenían que ser precisos y basarse en datos indiscutibles. En aquella ocasión, yo jugaba un papel de primer orden: era la «corresponsable del grupo de trabajo 1», el que procesa los datos más estrictamente científicos. Suponía una gran presión para mí, que había contribuido al informe anterior años antes y ya era una experta. Seguramente, tenía que ser aún más difícil para los colegas que estaban empezando. Por suerte, entre los colegas compartimos nuestros temores y nos animamos mutuamente: ¡no es poca cosa frenar el calentamiento global!

Ya hacía horas que había oscurecido y todos los demás se habían marchado. Nuestra jornada de trabajo había terminado: solo nos quedaba esperar al día siguiente y recoger los frutos de tanto trabajo.

¿Cómo se recibiría nuestro informe?

¿Sería útil? ¿Eficaz? ¿Claro?

Por la expresión de Sophia, supe que tenía las mismas preocupaciones que yo. Me miró por encima del montón de papeles que nos separaba. De repente, su mirada pasó de ser tensa a inquisitiva. Vi en esa expresión una extraña mezcla de curiosidad y desafío.

—Pero tú, Susan, parece que nunca pierdes la seguridad. Incluso cuando trabajamos hasta altas horas de la noche, cuando chocamos con los intereses económicos de las compañías petroleras, cuando el público no cree en la ciencia. Tú siempre pareces estar segura de que algún día se abordará y resolverá la crisis climática. ¿Cómo lo haces?

Sonreí.

—Eso es porque lo he visto.

—¿Qué quieres decir? ¿Ves el futuro?

—No, pero recuerdo el pasado. Y he visto a la humanidad enfrentarse a una catástrofe medioambiental, arremangarse y, en pocas décadas, solucionarlo.

SUSAN SOLOMON

Un destello de comprensión brilló en sus ojos. Su rostro se suavizó.

—Creo que sé a qué te refieres. ¡Pero nunca me has hablado de tus hazañas de allí!

—Hazañas, anda ya..., pero sí que es una buena historia, y puede que esta noche sea justo lo que necesites. ¿Quieres oírla?

De un solo movimiento, apartó con el brazo la montaña de papeles hasta dejarlos a un lado. Se acomodó en la silla y me miró con atención: parecía una niña esperando el cuento de buenas noches.

—Soy toda oídos.

Yo también me puse cómoda y empecé a contar.

—Cuando la noticia comenzó a circular, yo tenía veintisiete años. Acababa de entrar a trabajar en la NOAA, la oficina Nacional de Administración Oceánica y Atmosférica.

—¿Siempre supiste que querías estudiar química?

—En cierto modo, sí. De niña, incluso gané un premio en el colegio por analizar correctamente la composición de un gas. Hay que decir que, al principio, mi pasión era el mar... Me encantaban los documentales de Jacques Cousteau sobre el océano y hasta me saqué la licencia de buceo.

—¿Y qué pasó?

—¿Quién sabe? En algún momento me di cuenta de que el cielo me interesaba más que el mar. Estudié Química en Chicago, mi ciudad natal, y luego me mudé a Berkeley para hacer el doctorado con Paul Crutzen.

—¿El Paul Crutzen «de verdad»?

SUSAN SOLOMON

—Sí, él, ¡el premio nobel de química en 1995! Sophia abrió los ojos de par en par.

—Un día de 1983, estaba sentada en mi mesa de la NOAA cuando oí un revuelo en el pasillo.

»¿Qué, un agujero?

»¡Un agujero, sí! Como el agujero de un calcetín. Si no es del todo un agujero, está muy cerca: como un calcetín muy raído.

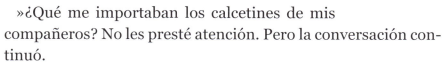

»¿Qué me importaban los calcetines de mis compañeros? No les presté atención. Pero la conversación continuó.

»¡Venga ya, eso no puede ser! ¿Cómo va a tener un agujero la atmósfera...?

»¿La atmósfera?, ¿un agujero? Me levanté y me asomé al pasillo.

»Pues ha pasado..., aunque nadie sabe por qué.

»¿Y qué efecto tendrá? A saber cómo reacciona la gente.

»Ya ves, cundirá el pánico...

»Me acerqué al corro que se había formado en el pasillo.

»¿Qué está pasando?

»Es oficial: en el Polo Sur, la capa de ozono que cubre la Tierra se está haciendo más fina. ¡Salta a la vista!

»¿A qué te refieres?

»Bueno, la medición de este año muestra un descenso del 35 % en comparación con la de hace veinte años.

»¿Del 35 %? No me lo podía creer. Los días siguientes no hacía más que hablar del tema con amigos y conocidos: «La ozonosfera es una de las capas que componen la atmósfera de la Tierra, esa envoltura de gases que nos permite respirar y nos protege de los rayos ultravioleta. Pero una de las capas, la más rica en ozono, está fallando».

—Recuerdo perfectamente el día en que la profesora del colegio nos habló, muy seria, del agujero de la capa de ozono —me interrumpió Sophia—. ¡En cuanto llegué a casa hice que mi madre tirara todos los botes de espray que teníamos en casa!

—¡Bueno, se necesitó bastante tiempo antes de que la noticia le llegara a tu profesora! Primero tuvimos que demostrar que el agujero de la capa de ozono estaba relacionado con los botes de espray. Al principio, todos nos sentimos impotentes ante una noticia tan impactante: imagínate que algo que lleva ahí desde siempre para proteger tu planeta, de pronto, se rompe. Es un poco como si te dijeran que la Luna se ha partido por la mitad.

Sophia asintió como si supiera exactamente de lo que hablaba.

—Claro, conozco muy bien esa sensación...

—Sí, es verdad. Ahora es el clima el que no funciona como debería.

Las dos nos quedamos en silencio unos instantes, hasta que recordé que aquella conversación era para animarla.

—¿Por dónde íbamos...? Ah, sí, ¿por qué, de repente, la capa de ozono estaba tan dañada? Entre las distintas hipótesis, hubo una que me pareció más interesante que las demás.

—¡La de Molina, el científico mexicano!

—Pues sí. Era muy joven cuando él y su mentor, Frank Sherwood Rowland, expusieron la idea de que ciertos compuestos químicos que se encuentran en los aerosoles y en algunas sustancias refrigerantes, llamadas clorofluorocarbonos, constituían una grave amenaza para la capa de ozono.

—Al principio os parecería rarísimo que el agujero de la capa de ozono estuviera en la Antártida... ¡Desde luego, el consumo de botes de espray no se concentraba precisamente en un continente deshabitado!

SUSAN SOLOMON

—¡Imagínate! ¿Has visto alguna vez a un pingüino que se peine con laca? ¿O que una foca escritora pegue una etiqueta en un bloque de hielo?

Sophia se rio.

—Entonces, ¿por qué el agujero de la capa de ozono se había formado sobre el Polo Sur? Me puse a estudiarlo y al cabo de unos meses ya me había hecho una idea. Pero solo era una hipótesis que había que comprobar. Y quería comprobarla yo, así que me preparé para dirigir un equipo de investigadores para una misión científica en el Polo Sur.

Mi joven colega me miraba con admiración.

—¿Se te ha congelado alguna vez una lágrima, Sophia?

—¿Qué?

—Una lágrima. Congelada, como un filete de merluza. ¿Te ha pasado alguna vez?

—¡Claro que no!

—A mí, sí. Estaba en el tejado de la base McMurdo, en la Antártida. Estaba maniobrando los espejos que habíamos colocado para que la luz de la Luna los alcanzara correctamente. Noté que los ojos se humedecían por el frío y, en un instante, la lágrima se convirtió en una pátina helada que me selló el ojo como el que cierra una escotilla. Después de todo, ¡es el lugar más frío del mundo! Pero no podía dejar de trabajar…

—¡Pero Susan!

120

—Pues claro, así que terminé lo que estaba haciendo y volví a entrar. En cuanto estuve otra vez en un ambiente cálido, se derritió ella sola —expliqué tan tranquila.

Mi colega me miraba entre incrédula y divertida. ¿Mi historia estaba empezando a funcionar? ¿Le estaba transmitiendo poco a poco algo de confianza? Con esa esperanza, retomé la historia.

—¡Qué buenos recuerdos los de la Antártida! Frío, eso sí, muchísimo frío. ¡Un frío que nunca olvidaré! Hacía tanto frío que era como si las orejas quisieran separarse de la cabeza, como si la nariz no quisiera sobresalir para resguardarse del viento, la cabeza me palpitaba y los dedos, incapaces de doblarse, parecían palitos de pescado congelados.

—¿Y qué comíais?

—Bocadillos, bocadillos y más bocadillos. Nunca he comido tantos bocadillos como entonces. Allí no hay insectos y el frío lo conserva todo muy bien, es como tener habitaciones enteras que funcionan como neveras. ¡Prácticamente trabajábamos rodeados de bocadillos! Y dormíamos muy poco. Cuando llegamos en 1986, estábamos a finales de agosto...

—Y en el hemisferio sur era invierno...

—Sí, y al estar tan cerca del Polo, prácticamente estaba oscuro todo el tiempo. Pero trabajábamos veinte horas al día para recopilar la mayor cantidad de datos posible. No es que se vaya todos los días al Polo Sur, y, cuando se está allí, lo último que quieres es perder el tiempo.

Miré el reloj del gran despacho. Era casi medianoche.

—Sophia, es muy tarde... ¿Seguro que no quieres irte a casa? Te vendría bien dormir un poco. Mañana nos espera un día complicado.

SUSAN SOLOMON

—¿Ahora? ¡Ni pensarlo! ¡Quiero escuchar toda la historia!

—Vale —sonreí—, entonces volvamos a nuestro calcetín raído. ¿Por qué se estaba desgastando la capa de ozono? Molina estaba convencido de que los clorofluorocarbonos, los CFC, se estaban «desmontando» al entrar en contacto con las moléculas de ozono. ¿Quieres saber cómo les cuento esta teoría a los niños de los colegios?

—¡Sí!

—Les digo que se imaginen una pista de baile en la que los átomos de oxígeno suelen bailar en pequeños grupos de tres, es decir, una molécula de ozono está compuesta por tres átomos de oxígeno. Pero ¿qué pasa si los CFC quieren unirse a la fiesta? La luz ultravioleta rompe los enlaces de las moléculas de los CFC, con lo que se liberan átomos de cloro que luego van por ahí molestando a los grupitos de tres oxígenos.

—¡Y les roban oxígeno a los bailarines-ozono!

—¡Exacto! Cuando una molécula de ozono se encuentra con un átomo de cloro, este, como un imán, se lleva uno de los tres oxígenos del grupo. Y la cosa no acaba ahí: la nueva pareja cloro-oxígeno sigue causando estragos en la pista de baile. Si se topa con otra molécula de ozono, vuelve a quitarle un átomo de oxígeno. Así, lo que queda son dos moléculas (cada una con dos bailarines-oxígeno…, ¡ups, adiós al ozono!) y un nuevo átomo de cloro, listo para empezar de nuevo con las pobres moléculas de ozono, o sea, con los tripletes-bailarines que queden, que serán cada vez menos.

—Por eso en el Polo Sur buscabais moléculas hechas de cloro y oxígeno…

—Eso es. Y encontramos cien veces más de lo que debería haber, ¡con lo que la hipótesis de Molina quedó demostrada!

Sophia seguía sin estar muy convencida.

—Pero ¿cuándo descubristeis por qué ocurría todo eso en el Polo Sur? Supongo que no encontraríais a ningún pingüino con tirabuzones...

Solté una carcajada. Me gustaba mucho Sophia. El sentido crítico es un ingrediente clave para la ciencia.

—No, no se hacían la permanente. La explicación estaba en las nubes, unas nubes especiales que solo existen en el Polo Sur: son las nubes estratosféricas polares, que contienen unas finas superficies heladas en las que los CFC son capaces de perturbar especialmente a los tripletes-bailarines de ozono, o sea que en ellas se crea la pista de baile perfecta para que se desencadenen los CFC. ¡Desvelado el misterio!

Esta vez, la explicación había sido convincente.

—¡Qué maravilla tuvo que ser aquel viaje!

—En realidad, fueron dos. Se necesitaron dos misiones científicas para medir la composición de los gases en la Antártida, una en 1986 y otra en 1987. Aunque, bueno, la verdad es que he ido allí varias veces más...

—Pero, Susan, yo sé que esa historia no termina ahí —protestó Sophia con tono de broma mientras me señalaba con un dedo como si me hubiera pillado—. Cuéntame el resto. Quiero saber cómo fue lo del Protocolo de Montreal.

—Pues sí, eso es lo mejor de la historia.

Me levanté para coger algo caliente de la máquina.

—Yo no quiero más café —sonrió Sophia mientras se pasaba las manos por la cara, agotada—, mejor una manzanilla...

Volvimos a sentarnos con tazas humeantes y continué.

—Mientras mi equipo de investigadores y yo estábamos colocando espectrómetros en el tejado de la base antártica y recogiendo pruebas sobre los daños que producían los CFC, varios países estaban celebrando acuerdos internacionales para restringir el comercio de aerosoles y otros productos responsables de la difusión de esos compuestos en la atmósfera. Pero todavía faltaba que un estudio experimental demostrara la relación entre los CFC y el agujero de la capa de ozono y explicara por qué el daño se producía en el Polo Sur. ¡Y lo confirmamos nosotros, justo a tiempo! Ese acuerdo histórico, el Protocolo de Montreal, se firmó en 1987, ¡gracias a nuestras acrobacias en el hielo de la base de McMurdo!

Gesticulé emocionada al recordar aquel momento. Se me había pasado todo el cansancio.

—En los años siguientes ocurrieron muchas más cosas buenas. En 1995, Molina y Rowland recibieron el Premio Nobel de Química por su intuición. Fueron premiados junto con Paul Crutzen, ¡mi supervisor de doctorado de Berkeley! Un Nobel para tres personas muy importantes en mi carrera científica.

En ese momento me levanté y gesticulé teatralmente.

—Pero, sobre todo, estamos zurciendo el calcetín. Si el agujero de la capa de ozono se recupera, eso significará que el Protocolo de

Montreal ha funcionado, que la política internacional ha escuchado a los científicos y que se ha corregido el comportamiento perjudicial. Como ves —dije mirándola a los ojos—, ya ha ocurrido.

Sophia suspiró, agradecida.

—¡No me extraña que haya un glaciar en el Polo Sur que lleva tu nombre!

—Vaya, ¿eso también lo sabes? —pregunté realmente impresionada.

—Vamos, Susan, sabes muy bien que eres famosa. Y ahora que he podido oír este relato directamente de ti, creo que deberías serlo aún más.

Volví a soltar una carcajada.

—Hombre, famosa no, pero me gustaría que todos conocieran esta historia. ¿No sería fantástico si todos pudiéramos enfrentarnos a la crisis climática sabiendo que la colaboración entre Estados también es posible en el ámbito medioambiental? La ciencia es un lenguaje universal y, en todos estos meses, tú también has podido comprobarlo por ti misma.

—¿A qué te refieres?

—A que todos los científicos hablan el mismo idioma, aunque vengan de cien países distintos. Y la ciencia nos está enviando mensajes muy claros: nos dice que el clima está cambiando y no hay duda de ello; que, en un 90 %, los que lo cambiamos somos los seres humanos, y que las consecuencias durarán miles de años. Eso es lo que dice nuestro informe y eso es lo que le contaremos al mundo mañana.

—Y eso es también lo que me desanima. ¿Y si fuera demasiado tarde? ¿Y si ya no se pudiera hacer nada?

—¡No! ¡Qué va, Sophia! ¡Te equivocas! —me enfervoricé—. ¡Eso no es así! Cada una de nuestras decisiones puede limitar los daños. ¡Y limitar los daños ya es mucho! Podría marcar la diferencia entre la existencia o no existencia de un futuro para la humanidad.

Sophia sonrió.

—Vale, visto así, realmente vale la pena...

—Cualquiera que se preocupe por este tema, como tú y como yo, cualquiera que tome una decisión, por pequeña que sea, con el objetivo de consumir menos energía, estudiar cómo resolver el problema o informar al público, forma parte de la solución. Y yo estoy totalmente segura: entre todos la encontraremos.

Han pasado catorce años desde aquella noche con Sophia. La publicación de aquel informe fue un momento crucial: la toma de consciencia colectiva de que se estaba produciendo un calentamiento global. Sigo trabajando para comprender y frenar la crisis climática. ¡Todavía hay mucho por hacer! Pero al menos ahora todo el mundo sabe que el problema existe. Hoy en día, el cambio climático se ha ganado un lugar en el debate público y estoy segura de que la política también tomará muy pronto las decisiones adecuadas para cambiar el rumbo.

Mientras tanto, puedo daros una buena noticia: ¡el agujero de la capa de ozono se está cerrando! En 2016 encontramos las pruebas. Así que, cuando os desaniméis, recordad que la humanidad es capaz de rectificar sus errores: lo sabemos a ciencia cierta, porque ya ha ocurrido.

SUSAN SOLOMON

Dice Susan

«La crisis climática no se resolverá hasta que la energía limpia se extienda a una escala más amplia, pero lo está haciendo a gran velocidad. No será inmediato, pero está ocurriendo. Las cosas están cambiando en la dirección correcta».

Números

En su momento de mayor amplitud, el agujero de la capa de ozono de la Antártida ha llegado a extenderse por un área tres veces mayor que la de Estados Unidos.

Qué puedes hacer tú

Hay muchas cosas que puedes hacer para combatir el calentamiento global. Puedes comenzar buscando las actividades de Fridays For Future cerca de ti: https://juventudxclima.es/

Y ahora…

- Si quieres conocer a la científica que descubrió el efecto invernadero, *ve a la página 61.*

- Si sospechas que el comportamiento de los seres humanos siempre tiene un impacto sobre el resto de la naturaleza, *ve a la página 47.*

GITANJALI RAO

Agua y plomo
para la niña del año

¡Qué emocionante! La CNN, la principal cadena de televisión del mundo, me ha entrevistado.

La verdad es que llevo días pasando de una emoción a otra.

Mi mejor amiga me llamó muy temprano una fría mañana de diciembre de 2020.

—¡Sale tu foto en la portada de *Time*! ¡Es increíble!

—Sí, lo sé. —Estaba contentísima.

—¿Lo sabías? No me habías dicho nada —replicó con tono de decepción, y puede que un poco enfadada.

—Era un secreto. No podía decir nada.

Aquella mañana había ido al quiosco muy temprano, cuando todavía estaba oscuro. En el mostrador tenían varios ejemplares del semanal *Time*. ¡Qué impresión ver mi foto en la portada de una revista tan famosa!

La foto es muy bonita, no cabe duda, aunque puede que no quede muy natural, con todas esas medallas colgadas y el pelo movido hacia un lado como si de pronto me hubiera alcanzado una ráfaga de viento. Pero lo mejor es la inscripción que aparece junto a la foto: «NIÑA DEL AÑO. Científica e inventora, GITANJALI RAO, 15 AÑOS». ¡Soy la niña-científica Top 2020 de *Time*!

Entre los adultos, es una tradición anual. En 2020, las personas del año para *Time* fueron Joe Biden y Kamala Harris, ¡nada menos que el presidente y la vicepresidenta de los Estados Unidos! En 2019, la persona del año fue Greta Thunberg, también muy joven, una de mis heroínas en la lucha por el medioambiente. Después de todo, yo también soy una apasionada del medioambiente. Este es el momento de las chicas. Debemos hacer oír nuestra voz.

Me eligieron entre más de cinco mil científicos en ciernes. Después de un largo proceso de selección, ¡quedamos cinco para competir por ese título! AND THE WINNER IS... La ganadora fui yo. ¡Viva!

Entonces llegó la CNN.

Julia Chatterley, la periodista que me entrevistó, parecía más feliz que yo, con esos enormes ojos claros que abre de par en par.

—Gitanjali, háblanos de tu invento.

No me hice de rogar. Lo había explicado tantas veces que arranqué a hablar a toda prisa. Hablar rápido es un defecto que tengo, pero solo porque soy muy entusiasta.

—He creado un dispositivo que sirve para identificar y medir el nivel de plomo que hay en el agua que bebemos. Es barato y fácil de transportar. La idea se me ocurrió hace cuatro años.

—Cuando tenías once...

—Sí, había oído hablar de una grave crisis en Flint (Michigan). El agua estaba contaminada, contenía plomo. Pensé en los niños de Flint, que se estaban bebiendo esa agua tan peligrosa para su salud. ¡Un verdadero escándalo!

Eso era exactamente lo que había pasado: había pensado en ellos. ¿Qué ocurre si el plomo entra en el cuerpo? En Flint, el agua tenía un nivel de plomo nueve veces superior al permitido por la EPA, la Agencia de Protección Ambiental, la institución que debería proteger el medioambiente y la salud de todos los ciudadanos de Estados Unidos. Busqué por Internet todo tipo de información. «El plomo es muy dañino... Cuanto más joven se es, más daño le produce al organismo... El plomo se fija en los huesos y sustituye al calcio... Náuseas, vómitos, retraso del crecimiento...».

Descubrí que hasta podía reducir el coeficiente intelectual.

—El agua debería ser un bien común, disponible para todos. Tenemos que estar seguros de lo que bebemos y, en cambio...

—Pero ¿cómo conseguiste convertirte en una científica-inventora con solo once años? —me preguntó la periodista de la CNN.

—Me informé en la página web del MIT y descubrí que existe un dispositivo que capta los gases peligrosos en el aire, así que pensé que podría modificar la idea para aplicarla a los líquidos.

Así fue. Por si no lo sabíais, el MIT es uno de los centros de ciencia y tecnología más importantes del mundo, no solo de Estados Unidos, y allí es donde quiero estudiar cuando sea mayor. Por supuesto, estudiaré algo científico, algo relacionado con las materias STEM, es decir: ciencia, tecnología, ingeniería y matemáticas. También se lo dije a la periodista, que no paraba de hacerme preguntas.

—¿Podrías explicarnos de forma sencilla cómo funciona el dispositivo que has inventado?

—Tuve que intentarlo muchas veces, pero al final conseguí crear Tethys.

—Supongo que no sería nada fácil.

—Es un dispositivo portátil que, en cuestión de segundos, identifica si hay trazas de plomo en el agua y también indica qué nivel de contaminación hay, es decir, si el plomo presente es mucho o poco.

—Es muy interesante.

Julia Chatterley abría los ojos cada vez más, pero no me detuve. Había explicado tantas veces el funcionamiento de Tethys que podría haberlo recitado de memoria.

—Mi dispositivo funciona con nanotecnología.

—¿Nanotecnología?

—Sí, nanotubos de carbono. Su resistencia cambia en presencia del plomo y este cambio se puede transmitir al móvil por Bluetooth.

Seguro que si hubiera podido enseñarle el modelo, como suelo hacer, habría sido más fácil, pero me pareció que había quedado bastante claro.

En cualquier caso, la portada de *Time* y la entrevista de la CNN no solo me hicieron famosa en Denver (Colorado), donde vivo con mi familia, sino en todo Estados Unidos, o bueno, en todo el mundo.

También me dieron la enhorabuena mis compañeros del instituto STEM Highlands Ranch.

En cuanto me vieron llegar, después de que me nombraran la «joven científica del año», se me acercaron corriendo. Me miraban admirados y algunos hasta me pidieron un autógrafo. Los profesores también se alegraron muchísimo. No pudieron abrazarme porque estábamos en plena pandemia de COVID-19, pero, aun así, fue bonito, aunque quizá un poco más triste. Solo uno de mis compañeros se quejó:

—Quería la portada de *Time* con tu foto para ponerla como un póster... Eres la persona más famosa que conozco.

—Qué bien —le dije sonriendo.

—¡De bien nada! Me metí en la página web, pero piden dinero. Más de dieciséis dólares por mandármela.

—A lo mejor es muy grande...

—Sí, pero tú eres mi amiga, así que deberían mandármela gratis, ¿no?

—Bueno, en realidad no se hace así.

A la semana siguiente me presenté con la portada de la revista del tamaño de un póster y la firmé ante su mirada incrédula.

—¡Toma, para ti!

—¿En serio?

Me lo agradeció mil veces. Al fin y al cabo, para mí la amabilidad lo es todo. En el instituto hasta he fundado un movimiento que une la ciencia y la amabilidad, dos cosas con las que el mundo sería un lugar mejor. Ahora que soy famosa y me invitan a todas partes, aprovecho para recordarlo: «La ciencia y la amabilidad harán del mundo un lugar mejor».

Me gustaría hacer que la vida fuera mejor para todos. No solo en Estados Unidos, donde vivo, sino en todos los países del mundo, hasta en los más pobres. Mi lema es: «Encontrar soluciones concretas para los problemas del mundo».

A veces me imagino como una superheroína. ¿Os acordáis de Superman o Iron Man? ¡Siempre llegan en el momento exacto para salvar a alguien! Pues eso, a mí me gustaría ser una superheroína científica. Ya me lo decía mi profesora de Primaria, la señorita Stockdale: «Gitanjali, eres una niña especial, cambiarás el mundo». No sé si lo decía en serio.

GITANJALI RAO

Mi pasión por la ciencia y los experimentos comenzó muy pronto, cuando tenía unos cuatro o cinco años y mi tío se presentó en casa con un regalo.

—¡Toma, esto es para ti! —dijo mientras me daba un gran paquete con un gran lazo.

—¿Qué es, tío?

—Ábrelo y lo verás.

Me costó un poco desatar el lazo, y luego apareció una caja. En la tapa había un dibujo de un niño con unas gafas enormes rodeado de tubos de ensayo. Debí de poner cara de asombro porque no entendía lo que era.

—Es la caja del pequeño químico. Con ese juego puedes hacer un montón de experimentos —me explicó mi tío.

¡El poder de un regalo! Desde ese día, no dejé de jugar con la ciencia. Me encantaba ver cómo cambiaban las cosas, hacer experimentos. Muchos de mis trabajos se basan en la biología, la química y, por supuesto, las nuevas tecnologías.

—Mamá, construiré un dispositivo para salvar a la gente del agua contaminada —le dije un día a mi madre.

—Ah...

Y ya está. Creo que pensó que era un proyecto que me superaba, y aunque no quería disuadirme, quizá tampoco animarme.

Por otra parte, mi hermano pequeño siempre ha sido mi cómplice en mis «aventuras científicas», y un buen alumno cuando jugábamos a que yo era la jefa de un laboratorio y él mi ayudante.

Ser una joven científica también tiene sus momentos «aterradores», cuando sientes que te tiemblan las piernas y crees que te vas a quedar muda de repente. No es nada fácil hablar ante cientos de personas, sola en la tarima, con un micrófono al cuello y una mesa pequeña para mostrar cómo funciona Tethys. Pero lo he hecho muchas veces. Las más emocionantes fueron las conferencias TED: «ideas que vale la pena compartir». Básicamente, si tienes una buena idea, te invitan a presentarla. No tiene por qué tratarse de ciencia. Cualquier idea es buena, siempre que sea «revolucionaria».

También he estado en la India para dar una conferencia TED. Os estaréis preguntando: ¿por qué precisamente en ese país? Puede que no os lo haya dicho, pero seguro que os lo habréis imaginado por mi aspecto físico. Mi familia es de origen indio. Es un país precioso, pero, por desgracia, muchas de sus ciudades y ríos tienen aguas que se encuentran peligrosamente contaminadas. Y no solo por el plomo: también tienen mercurio y arsénico. Una verdadera emergencia sanitaria y ambiental. En aquella conferencia, en la India, me lo pasé muy bien porque la persona que me presentaba se puso una bata blanca de científico, bromeó y me hizo reír, así que parte de la tensión se esfumó.

Pero tengo que admitir que la mayor emoción fue ver mi foto en la revista *Time* y que el momento más divertido y emocionante fue cuando me invitaron al canal de televisión Nickelodeon. Fue allí, en diciembre de 2020, donde se anunció mi victoria. Entre los cinco finalistas, había chicos y chicas realmente estupendos, algunos habían diseñado juguetes para niños discapacitados, otros trabajaban por la justicia racial y otros habían aportado nuevas ideas para cultivar alimentos. No estaba nada segura de que fuera a ser la «científica del año». Esperé ansiosa en los pasillos de la televisión, viendo en una pantalla... ¡los efectos especiales que eran capaces de hacer! Se veía al presentador Trevor Noah corriendo por un pasillo de colores y luego precipitándose en picado, como si fuera absorbido por un vórtice, igual que la Alicia de Lewis Carroll. Y entonces los técnicos me llamaron. Entré en el estudio como si estuviera hipnotizada. ¿Qué iba a pasar?

—¿Sabes por qué estás aquí? —me preguntó el presentador a bocajarro.

No podía dejar de sonreír. Sorpresa, alegría, miedo. Y qué emoción estar al lado de Trevor Noah, que, por cierto, es guapísimo, con ese pelo rizado y su sonrisa de niño.

—Oh, Dios mío... —creo que dije.

—¡¡¡Eres la niña del año!!!

—¡Oh, Dios mío! —debí de repetir, porque estaba literalmente sin palabras. Sentí una inmensa alegría. Todo lo que recuerdo es que en la pared que estaba detrás de mí había un gran cartel: «¿CUÁL ES TU SUEÑO?».

Y también recuerdo su siguiente pregunta:

—Si tuvieras que decirles a tus amigos por dónde empezar para conseguir objetivos como los tuyos, ¿qué consejo les darías?

—Sé apasionado, diviértete con lo que te gusta, afronta los problemas de uno en uno —respondí abrumada por mi habitual entusiasmo.

También sonreí mucho cuando me entrevistó una actriz muy famosa, Angelina Jolie. Fue muy amable, me felicitó mucho por mis inventos, pero parecía un poco triste. Tal vez fuera el COVID-19, que mantiene a la gente distante... Nosotras también lo estábamos, yo en el salón de mi casa, en Colorado, y ella en la suya, supongo, hablando por Zoom.

—Sé que, además de Tethys, has inventado muchas otras cosas. Por ejemplo, un dispositivo para comprobar si las personas que se ven obligadas a tomar medicinas a base de opio se han vuelto adictas a ellas. Y luego está tu última invención...

—Sí, Kindly, que significa «amablemente».

—¿Nos explicas qué es?

Me alegré mucho de que me hiciera esa pregunta.

—Es una *app* contra el ciberacoso, identifica palabras y frases que pueden ser ofensivas.

—Qué interesante, ¿y cómo funciona?

—He utilizado la inteligencia artificial y la codificación. La aplicación analiza las palabras o una frase que estás escribiendo y te dice si hay algo ofensivo, es decir, te avisa de que puede que te estés comportando como un matón o un abusón. ¡Así puedes pensártelo mejor y no mandar lo que has escrito!

—¿Y crees que eso es suficiente para detener a un malintencionado?

—Creo que sí. El castigo no sirve de nada... Yo soy adolescente y sé que muchas veces la gente dice cosas en broma o para armar jaleo sin darse cuenta de la reacción que puede provocar.

Lo pensaba de verdad, quizá porque muchas veces había sufrido la envidia de los demás.

«Eres una empollona», «solo sabes estudiar», «más que pringada», me han dicho alguna vez.

Me habría gustado responder de la misma manera, pero sonreía y explicaba que me divierto mucho, que toco el piano y hago esgrima. Y también me gusta ir a curiosear por los laboratorios universitarios ahora que mi nombre es famoso entre los investigadores. Pero se lo digo a todo el mundo y especialmente a las chicas, para animarlas y hacer que se apasionen por la ciencia: «Si yo puedo, tú también puedes hacerlo, todo el mundo puede».

Además, me encanta viajar. Ya he visitado catorce países con mi familia y me gustaría visitar, al menos, otros tantos, o quizá más.

En fin, espero que volváis a oír hablar de mí. De hecho, estoy segura de que lo haréis.

¿Queréis saber cuál es mi sueño? Ser como Marie Curie. Así que, ¡seguro que oiréis hablar de mí!

GITANJALI RAO

Dice Gitanjali

«Cuando tenía cuatro años, mi madre nos proponía a mis amigos y a mí un reto del tipo "Diseña tu propio hotel": ganaba el que utilizara las últimas tecnologías».

Números

En 2014 se descubrió que el agua que bebían los ciudadanos de Flint, en el estado de Michigan (Estados Unidos), tenía una alta concentración de plomo y otras sustancias químicas peligrosas para la salud. Tras años y muchas protestas, el estado de Michigan se vio obligado a indemnizar con 600 millones de dólares a las víctimas...

Qué puedes hacer tú

La «carrera» de Gitanjali Rao como científica-inventora comenzó con el deseo de encontrar una solución a la contaminación de las aguas de Flint. Muchas personas consideraron que aquello era el resultado de un «racismo medioambiental» porque, la mayoría de las veces, los más afectados por la contaminación y más expuestos a los peligros medioambientales son las comunidades pobres y las zonas marginadas, que tienen menos oportunidades de hacer oír su voz. Si quieres saber más sobre este tema, puedes consultar: https://tomorrow.city/a/evitar-racismo-medioambiental

Y ahora...

- Si crees que la ingeniería puede ir de la mano de la ecología, *ve a la página 35.*

- Si te gustan las historias con final feliz, *ve a la página 115.*

Si quieres seguir conociendo las vidas de apasionadas científicas, puedes leer también:

Vichi De Marchi y Roberta Fulci
ELLAS SON DE CIENCIAS
HISTORIAS, PASIONES Y SUEÑOS
DE 15 CIENTÍFICAS

LAS AUTORAS

VICHI DE MARCHI nació en Venecia, pero vive en Roma desde hace muchísimos años. Es periodista y escritora, ha trabajado para la televisión y para periódicos en sus ediciones impresas. También ha sido periodista en una agencia de las Naciones Unidas, el Programa Mundial de Alimentos (WFP), ganador del Nobel de la Paz, viajando a lugares lejanos para encontrarse con personas que han sufrido el hambre o la guerra. Su gran pasión es escribir historias y biografías. Sobre todo, le gusta entender el mundo de la divulgación científica. Y curiosear en el de las mujeres científicas.

ROBERTA FULCI de pequeña adoraba los libros y la lectura. Después decidió estudiar Matemáticas, hasta que un buen día descubrió la radio. Con el tiempo, lo ha unido todo: trabaja en Radio3 Scienza, un programa que se retransmite cada mañana en la emisora italiana Radio3. Le gusta contar, sobre todo las historias que hablan de números, lenguaje y neurociencia. Y escribe aquí y allá.

GIULIA SAGRAMOLA nació en Fabriano, donde cultivó desde pequeña su gusto por el dibujo y la narración. Es ilustradora y autora de cómics. Durante años ha creado libros con el proyecto Teiera. La curiosidad la ha llevado a viajar sin descanso y a vivir en muchos sitios, como Bolonia, Barcelona, Leipzig y Nueva York. En 2015 vivió en Angulema, donde escribió su novela gráfica Incendi Estivi. Entre sus pasiones se encuentran el cine, el cómic, la literatura, la cultura pop, el feminismo, la antropología y, después de este libro, también la ciencia.